Engelhardt

Detlev Foth

Engelhardt

Ein Theaterstück

© 2010 Detlev Foth
Buchgestaltung: Ioana Luca
Umschlagabbildung: Detlev Foth
© 2010
Herstellung und Verlag:
Books on Demand GmbH,
Norderstedt
ISBN: 978-3-8391-5002-3

Die Erschütterung ist alles im Leben!
Man muss sich daran erfreuen!
Die Erschütterung ist alles im Leben!
Nach dem Tod kann's sie nicht mehr geben!

LOUIS FERDINAND CÉLINE

Personen

ENGELHARDT, DER MALER

DORIS, VERHEIRATETE FRAU

VALERIE, DIE SICH VON ENGELHARDT TRENNT

THEKLA, DIE FOTOGRAFIN

TORBEN, DER GITARRENLEHRER

DR. JANSEN, DER KUNDE

Erste Szene

Wohnzimmer, ein Chaiselongue, zwei Sessel, ein Glastisch, ein Gitar-
renverstärker und eine Gitarre, gegen ihn gelehnt. Auf einer drehbaren
Bühne ein offenes Malzimmer, Staffelei, ein Sessel, zwei weiße Stühle.
Doris und Engelhardt gehen vom Wohnzimmer ins Malzimmer.

DORIS Du musst eben das Beste daraus machen.
Wir könnten doch malen.
Heute ist der Ulli in München.
Da hab ich Zeit.
ENGELHARDT Aus einer Trennung kann man nicht das
Beste machen.
DORIS Wie oft wollte ich den Ulli verlassen.
Du kannst gehen! Dann geh doch, wenn Du gehen willst!
Hier hält dich niemand.
Das habe ich oft genug zum Ulli gesagt.
Und dann,
eines Tages,
packt er die Koffer.
Wohin willst du denn?
Ich sagte, wieso das denn jetzt?
Du bist ja so stur, Ulli, sagte ich.
Du hast gar keinen Humor,
den hattest du noch nie.
Eigentlich habe ich dich nie lachen sehen,
und seit Jahren lachst du sowieso nicht mehr.
Engelhardt verlässt das Malzimmer, Doris bleibt darin stehen.
Engelhardt sitzt auf der Chaiselongue.
Er ruft.
ENGELHARDT Doris, komm rüber!
an Malen ist heute nicht zu denken.
Aus dem Malen wird heute nichts.
Nur du kannst jetzt ans Malen denken.
Und mir zu sagen,

aus der Trennung das Beste zu machen,
nach dreizehn Jahren
kann man aus der Trennung nicht das Beste machen,
da man dreizehn Jahre verloren hat,
Jahre,
die weg sind,
die wegbleiben,
die man nicht verschmerzen kann.

Doris betritt das Wohnzimmer und setzt sich in einen Sessel.

DORIS Der Ulli hat aus München angerufen,
früh am Nachmittag,
damit ich ihn abends nicht mehr anrufe,
weil er früh schlafen gehen will,
das hat er gesagt,
aber ich weiß ja Bescheid,
Männer sind ja so dumm,
und der Ulli ist es besonders,
als ob ich nicht wüsste,
dass jede Sekretärin es macht,
schließlich war ich selbst einmal Sekretärin,
Vorstandssekretärin,
da weiß ich doch,
wie es läuft,
da ändert sich nichts.
das gefällt dem Ulli.
Gut,
dann geh ich eben malen, sagte ich.
Ja, geh malen, das tut dir sicher gut, hat er gesagt.

ENGELHARDT Ich hätte dich nicht nehmen sollen
als Malschülerin,
Ich habe es dir gesagt.

DORIS Die Malerei bedeutet mir alles!

ENGELHARDT Vorsicht!

DORIS Jetzt, da die Mädchen ihren eigenen Weg gehen,
da hab ich nur noch meine Malerei,

und sie sagen,
was gibt es Schöneres, als zu malen.
Ulli allen voran,
so, als käme sie ihm gelegen,
meine Malerei.
ENGELHARDT Heute malst du,
morgen stehst du auf dem Golfplatz,
solche Frauen kenne ich,
deswegen wollte ich dich auch nicht,
aber du bist ja immer wieder gekommen,
obwohl es mir nicht gut geht,
kommst du immer wieder.
Engelhard trinkt zwei Glas schnell und klackt das Glas neben die Weinflasche, dann wischt er sich mit dem Ärmel den Schweiß von der Stirn. Er steht auf und setzt sich wieder.
DORIS Als ich dein Foto in der Zeitung sah,
da wusste ich,
dieser Mann wird dich verstehen,
dem kann ich mich öffnen,
ohne wenn und aber.
ENGELHARDT So ein Unsinn.
Was für ein Kitsch,
das ist eine Soap,
und das weißt du auch,
eine verheiratete Frau wie du,
mit zwei erwachsenen Töchtern,
die gehört auf den Golfplatz,
und dahin wirst du auch gehen,
auf kurz oder lang,
so wie meine Galeristen
auf den Golfplatz gehen werden.
wenn ich immer noch male,
wenn es mich noch immer gibt
und sie nur noch golfen,
so wie du,

ganz bald,
das sag ich dir.

DORIS Niemals werde ich die Malerei aufgeben.

ENGELHARDT Du hast ja nicht mal angefangen
mit der Malerei
und redest schon so.

DORIS Ich hatte eben nicht das Glück,
zur Akademie zu gehen.
Ich musste arbeiten.

ENGELHARDT Die Arbeit in der Akademie hättest du
doch gar nicht ausgehalten.

DORIS ich war ja Krankenschwester in England,
weil ich arbeiten wollte,
nur weg von zu Hause,
den Weinbergen.
Die Weinberge,
die waren nicht meine Welt.
England war kein Zuckerschlecken,
ich habe mich durchgebissen,
zur Akademie wäre ich ja gerne gegangen,
aber diese Frage stellte sich gar nicht erst.
Ich gehe nach England arbeiten,
sagte ich,
und auf ging's.

ENGELHARDT Valerie hat schon einen Neuen.
So schnell geht das.
Sie sagt immer,
warum ich nicht um sie kämpfe,
aber ich kämpfe nicht um sie.

DORIS Reisende soll man nicht aufhalten.

ENGELHARDT Wozu kämpfen,
wenn schon ein Neuer da ist.
Valerie hatte schon Ersatz,
als sie mit mir Schluss machte,
da erübrigt sich ja jeder Kampf.

Aber ich hätte sowieso nicht gekämpft,
auch wenn kein Neuer da gewesen wäre.
DORIS Frauen machen das immer so.
Nie trennen sie sich,
wenn sie keinen Ersatz haben.
ENGELHARDT Ich dachte,
Männer machen das so.
DORIS Engelhardt,
du bis einfach zu naiv,
du verstehst nicht,
wie Frauen sind.
Frauen sind ganz verschlagen.
Ich weiß das, als Sekretärin,
die ich mal war,
und ich war keine schlechte,
das ganz nebenbei,
aber eines habe ich nicht getan,
ich bin nicht mit den Vorgesetzten ins Bett gegangen,
alle Kolleginnen haben das getan,
ich habe das immer abgelehnt,
und wenn ich den Ulli einmal in flagranti erwische,
dann ist es aus,
aber er lässt sich ja nie erwischen,
so schlau ist er dann doch,
was sollte er auch machen
ohne mich,
als ob er das nicht wüsste.
ENGELHARDT Früher
habe ich mir oft überlegt,
was für letzte Worte ich einmal sagen würde,
was man sagen würde,
wenn man stirbt.
Heute sage ich mir,
was für sentimentale Überlegungen das waren,
denn wichtiger sind doch die vorläufigen Worte,

die letzten werden nicht bedeutsam,
indem sie die letzten sind.
Man kann viele letzte Worte sagen,
nur so
als Spiel
und sie dann verwerfen,
um neue letzte Worte zu sagen,
und letztlich
interessiert sich niemand für jemandes letzte Worte,
das ist eine Legende,
dass letzte Worte eine Bedeutung hätten,
es sind einfach nur letzte Worte,
das heißt nicht,
dass es abschließende Worte wären.
DORIS Ich habe alles gekannt,
das wären meine letzten Worte.
ENGELHARDT Du hast nicht alles gekannt,
was hast du schon gekannt?
Du erwischt noch nicht mal deinen langweiligen Mann
mit seiner Sekretärin,
und du willst alles gekannt haben?
DORIS Und was sind deine letzten Worte?
ENGELHARDT Ich rede immer in letzten Worten,
ab jetzt,
da ich getrennt bin von Valerie,
in vorläufigen und auch in letzten Worten,
die ich immer wieder korrigiere.
Dass Valerie mich verlassen hat,
damit war nicht zu rechnen,
obwohl ich es hätte wissen müssen.
Auf meine abschließenden Worte
werde ich lange warten müssen,
denn wie alle in meiner Familie,
werde ich uralt.
Mein Vater, der Pflichtmensch,

der nie froh war,
selbst bei Pflichterfüllung,
der wird alt und wird seinen alten Sohn noch erleben.

Engelhardt springt auf, legt sich die Gitarre um und spielt den Anfang von Hey Joe, dann setzt er die Gitarre ab und lehnt sie wieder an den Verstärker, der mit roter Lampe brummt.

Dann setzt er sich in den Sessel Doris gegenüber und trinkt aus der Flasche, während Doris an einem Glas nippt.

ENGELHARDT *Hey Joe* ist mein Lieblingslied,
obwohl ich über den Anfang nie hinauskomme,
aber darum geht es mir nicht,
denn ich bin ein Dilettant auf der Gitarre,
und das akzeptiere ich,
weil ich die Musik viel zu sehr liebe,
als dass ich mich belügen könnte.
Aber eine Gitarre ist inspirierend
für alles.
Einmal habe ich die Gitarre an die Wand geschlagen,
weil Valerie sich über den Krach beschwerte,
da sagte ich ihr,
sieh her, ich zerstöre sogar,
was ich liebe,
da war sie geschockt,
obwohl das eine einfache Wahrheit ist.

DORIS Ein Instrument hätte ich auch gerne erlernt,
aber das ging nicht.
Jetzt hätten meine Mädchen ein Instrument lernen können,
aber sie wollten nicht.
Ulli ist auch völlig unmusikalisch.

ENGELHARDT Wie ich jetzt ohne Valerie
weitermachen soll,
das ist mir ein Rätsel.
Sie kann ja ohne mich weitermachen,
ich kenne ihren neuen Freund,
er ist das ganze Gegenteil von mir,

da frage ich mich,
wieso sie mit mir zusammen sein konnte,
wenn es das ganze Gegenteil genauso tut.
DORIS Andere Mütter haben auch schöne Töchter.
ENGELHARDT So wie deine?
DORIS So wie meine.
ENGELHARDT Gib mir eine, du hast doch zwei.
DORIS Ich würde es tun.
ENGELHARDT Ich weiß,
aber
du bist völlig durcheinander,
obwohl ich es sein müsste,
denn ich bin verlassen worden
und nicht du.
Wenn es in deiner Macht stünde,
würdest du mir wirklich eine deiner Töchter geben,
aber die würden sich bedanken,
auch wenn du das nicht hören willst.
Du wärst gerne eine deiner beiden Töchter,
am liebsten wärst du beide in einer Person.
Du möchtest alles noch mal,
alles von vorne,
ein Leben als deine eigene Tochter,
Ein Leben als zwei Töchter in einem,
das Dorisleben aufgeben,
das Mutterleben beenden,
den Ulli fortschicken,
so ist es doch,
das musst du dir eingestehen,
dass es so ist.
DORIS Ich habe Fotos von ihnen,
Urlaub in Südfrankreich,
beide braungebrannt,
wie jung sie waren!
Und so frei!

Willst du die Fotos sehen?

ENGELHARDT Ja, gib schon her.

Doris sucht in ihrer Tasche, Engelhardt geht zum Fenster, in der Hand hat er die Flasche, aus der er gelegentlich trinkt.

ENGELHARDT Hörst du das?

DORIS Wo sind sie denn?

Ich hab sie doch eingesteckt.

ENGELHARDT Kein Laut,
nichts,
die Welt hört auf zu atmen.
Das hätte ich wissen müssen.
Schon mit Valerie war die Welt still,
nun ist sie so still wie der Tod,
und Valeries Welt ist jetzt laut mit dem Neuen,
sie hat sich einen Lauten gesucht,
weil sie die Stille nicht mehr ertragen hat,
von dem Krach meiner Musik einmal abgesehen.

DORIS Ach Gott,
die Kerstin und die Katrin,
wie fröhlich sie waren,
den ganzen Tag nackig in der Natur.
Da war sogar der Ulli entspannt.
Schöne Urlaubstage,
was für eine Zeit,
ich hatte eine neue Frisur,
abends gingen wir essen,
morgens früh raus,
mit den Kindern ans Meer.
Vielleicht sollte ich das malen.

ENGELHARDT Wenn ich etwas hasse,
dann ist es das Wort nackig.

DORIS Magst du das Nackte nicht?

ENGELHARDT Ich mag das Nackige nicht.

DORIS Magst du die Fotos sehen?

ENGELHARDT Gib schon her.

Doris reicht Engelhardt zwei Fotos, er betrachtet sie lange.

ENGELHARDT Nackte Kinder, schön, schön.

DORIS Ich zeig sie nur dir.

ENGELHARDT Die Fotos sind alt.

DORIS Aber schön.

ENGELHARDT Ja, sag ich doch.
  Kindheit ist immer schön.

DORIS Wie gemalt.

ENGELHARDT Sag so was nicht.
  Das stört mich.
  Nackige Kinder, wie gemalt,
  das kotzt mich an.

DORIS Inspirieren dich die Fotos?

ENGELHARDT Nein.

DORIS Errege ich dich?

ENGELHARDT Nein.

DORIS Wenigstens ein bisschen?

ENGELHARDT Du zeigst mir Fotos
  von Deinen Töchtern
  als Kinder
  und fragst mich,
  ob du mich erregst?
  Wo du doch genau weißt,
  dass es mir schlecht geht!
  Und mich eigentlich nichts erregen kann
  in diesem Zustand!
  Nicht mal und sowieso niemals deine nackten Kinder,
  die davon nichts wissen
  und jetzt junge Frauen sind,
  die nach jungen Männern schielen.
  Und ohnehin nicht mal und niemals du selbst,
  die über den Ulli,
  wer oder was immer das ist,
  jammert
  und die Malerei missbraucht,

um an den Maler zu gelangen,
wer oder was das auch immer für dich ist
und der alles andere will,
als eine unwürdige und die billigste aller Affären,
die man sich nur denken kann.

Engelhardt geht ins Malzimmer und wirft sich in den Malsessel. Er
sieht auf ein unfertiges Bild, das auf der Staffelei steht.

Dann schläft er ein. Doris kommt aus dem Wohnzimmer und steht vor
dem im Sessel schlafenden Engelhardt.

DORIS Ja, du bist erschöpft, Engelhardt.
Das ist gut,
Schlaf tut dir gut.
Wenn ich nur wüsste,
dass der Ulli schläft,
aber der schläft bestimmt nicht wie der Engelhardt.
Morgen komme ich zum Frühstück,
dann tau' ich den Kühlschrank ab,
dann mach ich klar Schiff,
die Valerie, die Schlampe,
die hat dem Engelhardt nie das Haus geputzt,
da wird der Engelhardt schon sehen,
was das ausmacht,
und dann bring ich einmal die Töchter mit,
damit die wissen, was Kultur ist,
da zeig ich denen mal,
was der Papa nicht hat und nicht versteht,
ich sage dann,
der Engelhardt ist zwar schwierig,
aber ein ganz feiner Mensch,
auch wenn es nicht so aussieht,
mein Gott, wie kann man nur so leben,
so haltlos!
Morgen komme ich wieder,
Sogar in England war es nicht so,
Die Patienten waren nicht so sperrig,

aber der Engelhardt ist ja ein Künstler und kein Patient.
Engelhardt erwacht.
ENGELHARDT Du bist noch da?
DORIS Ich werde immer da sein für dich.
ENGELHARDT Und wenn ich es nicht möchte?
DORIS Manche Menschen muss man zu ihrem Glück
zwingen.
ENGELHARDT Ich werde immer für dich da sein!
Wie kannst du es wagen!
Du bist schlimmer als alle, die ich kenne!
Engelhardt wirft eine Flasche gegen die Leinwand auf der Staffelei, Doris geht ab.

Zweite Szene

Engelhardt sitzt, in eine Wolldecke gehüllt, auf dem weißen Stuhl vor der Staffelei. Er versucht mit dem Pinsel einen diagonalen Strich auf die Leinwand vor sich zu setzen. Seine Hand zittert jedoch zu stark. Dr. Jansen sitzt im Sessel ihm gegenüber und beobachtete Engelhardt. Dieser stürzt ein Glas Wein hinunter, und seine Hand beruhigt sich sofort.

DR. JANSEN Sie wissen hoffentlich,
  was Sie da tun?
ENGELHARDT Es sind die Nerven,
  sonst nichts.
  Eine Trennung ist keine Kleinigkeit,
  nun kommt auch noch der Schmerz der Trennung
  zu den Schmerzen meiner Sinnkrise,
  in der ich mich nun schon
  seit zwei Jahrzehnten schon befinde.
DR. JANSEN Menschen brauchen eine Aufgabe,
  nur so funktioniert die Welt,
  die Welt da draußen,
  wie ich hinzufügen möchte.
ENGELHARDT Meine Aufgabe
  ist eine tägliche Selbstbefragung
  und Welthinterfragung,
  der ich mich zeitlebens nicht werde entziehen können.
DR. JANSEN Eigentlich war ich gekommen,
  um mir Ihre letzten Bilder anzuschauen.
  Ich bräuchte auch zwei weitere Landschaften
  für meine Praxis.
ENGELHARDT Eigentlich?
DR.JANSEN Nun frage ich mich,
  ob ich mich nicht lieber um Sie kümmern sollte,
  als Freund und,
  wenn Sie möchten,

als Ihr Arzt.

ENGELHARDT Zum einen,
fehlt mir nichts
und zum anderen,
sollten Sie wissen,
dass Ärzte und Maler nicht zusammenpassen.
Sie sind mir ein treuer Kunde,
und obwohl ich mich zu Ihnen hingezogen fühle,
muss ich eine Freundschaft ablehnen,
denn Freundschaften von Malern und Ärzten
sind aussichtslose Liebesgeschichten.
Dafür gibt es Belege:
Van Gogh und Dr. Gachet.
Munch und Dr. Linde,
obwohl der nur Augenarzt war,
so war auch er gut für Verwirrungen.

DR. JANSEN Ich sage Ihnen als Freund,
Sie rauchen und trinken sich zu Tode,
das Terpentin und die Farben erledigen das Übrige.
Sie brauchen dringend eine Entgiftung.

ENGELHARDT Ich entgifte mich jeden Tag
mit einem Liter Milch.
Als Maler besitze ich,
und das sollten Sie als Arzt eigentlich wissen,
überdurchschnittlich entwickelte Selbstheilungskräfte.
Und außerdem möchte ich Sie bitten,
sich nicht als meinen Freund zu bezeichnen,
denn als Kunde sind Sie mir wichtiger.

DR. JANSEN Warum das?

ENGELHARDT Weil ein Kunde den Maler ernährt,
ein Freund tut das nicht.
Das muss ich so nüchtern sagen,
denn so ist es nun mal,
auch wenn sich niemand Gedanken macht,
wie sich der Künstler ernährt,

niemand als die Mutter des Künstlers natürlich.
Alle wollen Bilder,
aber niemand will den Künstler ernähren.
DR. JANSEN Aber Sie haben doch eine Familie.
ENGELHARDT Jeder hat eine Familie.
DR. JANSEN Die hilft doch bestimmt.
ENGELHARDT Mein Vater ist
Philosoph und Jurist,
er hilft mir,
vor allem wegen meiner Mutter, seiner Frau.
Mein Bruder ist kein Philosoph wie der Vater,
aber er ist Jurist, wie unser Vater
er hilft auch,
in erster Linie wegen meiner Mutter,
und weil es nichts gibt, dass mehr erregt,
als einem älteren Bruder zu helfen,
als der kleine Bruder,
und das vor den Augen der Mutter.
Mutter!
Engelhardt steht auf und geht schwankend ein Mal um die Staffelei.
ENGELHARDT Meine Mutter ist eben die Mutter,
und doch weit mehr,
alles ist ihr zu wenig,
nie reicht es aus!
Und doch ist alles zu viel,
das ich tue.
Mal nicht soviel!
Wann malst du endlich wieder?
Schon dich!
Ich habe dich immer geschont!
Sie hat mich immer geschont,
damit ich mich nicht mehr schonen kann!
Meinen Vater hat sie geschont,
aber mich
glaubt sie geschont zu haben,

niemand hat mich je geschont,
aber das weiß sie bis heute nicht.
Meine Geburt war schwierig,
sie hätte uns fast unser beider Leben gekostet,
Mutter hilft,
wo sie nur kann,
vielleicht aus schlechtem Gewissen,
weil ich in ihr so schwierig geraten bin
und immer ein trauriges Kind war,
das kein Schüler sein wollte
und das kein Lehrer werden wollte,
wie ihr Stiefvater,
schon gar kein Förster,
wie ihr Vater,
und ich als Förster,
wäre die abwegigste Idee überhaupt,
ich am Ende als Geheimrat,
wie mein Großvater väterlicherseits,
wo es doch gar keine Geheimräte mehr gibt
und mir ganz unklar ist,
was ein Geheimrat sein soll,
worin sein Geheimnis besteht
und was sein geheimer Rat sein könnte.
Ich als Jurist,
wie mein Vater,
undenkbar,
ihm das nachzumachen,
zumal mich Jura in keiner Weise interessiert,
alles nur nachmachen,
ganz ohne jedes Interesse!
Wieso hat mein kleiner Bruder
dem Vater alles nachgemacht
und nicht mir
und ist in die Kunst und das Wagnis gegangen?
Wo er doch so gerne einen Ton angibt!

Nun ja, zumindest kauft er Kunst,
wenn er sie auch nicht erzeugt.
hochpreisige Kunst,
wie er gerne sagt.
Kunst für hohe Preise,
preisgekrönte Kunst,
wenn es nach ihm ginge.
Aber um ihn geht es ja nicht.
Es geht um mich.
Also, Herr Doktor:
An der Familie soll es nicht scheitern.
Und doch lässt sich sagen,
Ich habe einen Vater und habe doch keinen.
Ich habe einen Bruder und habe doch keinen,
Ich habe zwei Schwestern und habe doch keine.
Van Gogh konnte sagen,
ich habe einen,
und das ist mein Bruder.
Während ich natürlich großes Glück habe,
keinen Vater wie den von van Gogh zu haben.
Und die Schwestern,
die haben mit sich selbst zu tun.
Und die Mutter
verflucht selbstverständlich den Tag,
an dem ich das Gymnasium geschmissen habe,
um Kunst zu studieren.
DR. JANSEN Also haben Sie ja eine Familie,
die sich kümmert.
ENGELHARDT Selbstverständlich,
das sagte ich ja bereits.
DR. JANSEN Ich schaue mir Ihre Arbeiten an.
ENGELARDT Tun Sie das, Herr Doktor.
*Dr. Jansen erhebt sich und geht langsam von Bild zu Bild. Valerie tritt
ein. Sie trägt einen gefüllten Wäschekorb.*
VALERIE Ich wusste nicht, dass du Besuch hast

DR. JANSEN Gnädige Frau, *will ihr die Hand geben.*

ENGELHARDT Nicht so förmlich, Herr Doktor,
  es wird sich noch herausstellen,
  wer hier gnädig ist.
  Die Wäsche,
  verstehen Sie,
  eine gemeinsame Waschmaschine,
  auch, wenn man sich trennt,
  muss schmutzige Wäsche gewaschen werden.

Valerie lächelt verlegen und tritt ab.

Engelhardt sieht ihr nach. Dr. Jansen setzt sich wieder in den Sessel.

DR. JANSEN Ich möchte gerne die zwei Nachtbilder da
  hinten erwerben.
  Nennen Sie mir einen Preis.

ENGELHARDT Die Nachtbilder?
  Fragen Sie mich nicht nach einem Preis.
  Zahlen Sie entsprechend,
  so wie sonst,
  ich kann jetzt keine Zahlen nennen,
  nicht in dieser Stimmung.

DR. JANSEN Dann erlauben Sie mir,
  Ihnen das Geld nach eigenen Vorstellungen zu geben,
  Bargeld,
  ich dachte, das ist Ihnen recht.

ENGELHARDT Bares, sicher,
  nichts zu tun haben mit der Bank,
  keine Überweisung und dann warten,
  bis das Geld drauf ist,
  auf dem Konto,
  das ich über kurz oder lang sowieso auflösen werde,
  so wie ich meinen Briefkasten
  abschrauben werde,
  und dies schon bald.
  Legen Sie das Geld auf meinen Behandlungstisch.

DR. JANSEN Wie bitte?

ENGELHARDT Da auf den Farbentisch,
 auf die Tuben.
DR. JANSEN aber da kann es doch wegkommen.
ENGELHARDT Sie werden sich wundern,
 in einem Malzimmer kommt nie was weg.
Dr. Jansen steht auf und legt unbeholfen ein paar Scheine auf den Far-
bentisch, dann setzt er sich wieder in den Sessel.
ENGELHARDT Ich bräuchte Antidepressiva,
 haben Sie so was für mich?
 Außerdem Valium.
DR. JANSEN Ohne Untersuchung kann ich Ihnen gar
 nichts geben.
ENGELHARDT Dann untersuchen Sie mich.
DR. JANSEN Hier?
ENGELHARDT Wo sonst?
DR. JANSEN Das geht nur in meiner Praxis.
ENGELHARDT Dann geht es nicht.
DR. JANSEN Ich würde Sie auch fahren und wieder
 herbringen.
ENGELHARDT Ich mache momentan keine Ausflüge,
 es sei denn zu Aldi,
 wegen meiner Grundversorgung,
 ich meine den Wein und das Brot,
 Toilettenpapier, Hundefutter,
 Dinge,
 die man eben braucht,
 auch wenn keiner darüber spricht.
 Mein Essen bekomme ich auf Rädern,
 das kennen Sie doch,
 nicht wahr?
 Essen auf Rädern.
 Kleine Aluminiumschälchen,
 die man mir vor die Tür stellt.
DR. JANSEN Ich frage mich,
 ob Sie nicht eine Entziehung bräuchten.

ENGELHARDT Ich habe viele Entziehungen,
   bald wird mir mein Haus entzogen,
   Valerie will ihren Teil des Hauses verkaufen,
   ich kann unmöglich in einem halben Haus bleiben.
   Die Schönheit entzieht sich mir,
   das Familiäre,
   die Jugendliebe,
   wenn es denn eine war,
   was jetzt die Frage ist.
   Nur das Talent entzieht sich mir nicht,
   auch wenn die Leute sagen,
   dass das Trinken das Talent kaputt macht,
   was nicht stimmt,
   denn das Talent schwimmt im Wein
   und lacht,
   wie Sie sicher wissen.
DR. JANSEN Wenn Sie so weiter trinken,
   sind Sie in spätestens zwei Jahren
   ein toter Mann.
ENGELHARDT Nur ein toter Maler ist ein guter Maler,
   die Menschen wollen es so.
   Aber natürlich werde ich nicht sterben.
   Mit Leichtigkeit werde ich die nächsten Jahrzehnte
   nehmen,
   selbst betrunken,
   werde ich älter,
   als es erlaubt sein sollte.
   Ich werde Sie gewiss überleben,
   und wer soll mich dann besuchen
   und mir Geld auf den Tisch legen?
   Doktor, Sie sind ein angenehmer Mensch,
   nur viel zu ängstlich,
   aber immerhin gebildet.
   Sie erinnern mich an die Mitglieder meiner Familie,
   die mehr oder weniger

gebildet sind, so wie Sie,
mit gewissen Einschränkungen natürlich,
und ähnlich ängstlich sind sie auch,
aber wie auch immer,
eines ist ihnen allen gemein,
sie verstehen das Rauschhafte generell
und insbesondere
das Rauschhafte in mir
nicht.

*Engelhardt sucht nach einer Flasche, hinter der Staffelei findet er eine,
er kreischt kurz, wird ernst, setzt die Flasche an und trinkt in langen
Zügen. Dr. Jansen schlägt die Hand vor die Stirn.*

DR. JANSEN Engelhardt, ich möchte Sie bitten,
zumindest in meiner Gegenwart nicht zu trinken.

Engelhardt starrt Dr. Jansen an und schüttelt ungläubig den Kopf.

ENGELHARDT Wir sind hier in meiner Praxis,
ich bin Dr. Krapplack,
Herr Kollege,
seien Sie mal nicht so zugeknöpft,
Sie erinnern mich an meinen kleinen Bruder,
der hat es auch nicht mit dem Rauschhaften,
obgleich er gelegentlich trinkt,
nur zeigt er die Wirkung,
die sein Champagner macht,
ungern.
Er trinkt den Champagner heimlich,
damit die Menschen seinen Rausch nicht mitkriegen.
Als der kleine Bruder muss er den Champagner nehmen,
weil der große Bruder,
also ich,
den Fusel schon für sich in Beschlag genommen hat.
Mein Bruder braucht hundert Euro für einen Rausch,
ich nur zwei,
nun,
wer hat den Dreh wohl raus?

Haben Sie einen Bruder?

DR. JANSEN Nein, ich habe nur eine Schwester.

ENGELHARDT Dann seien Sie froh.

Brüder begehren immer auf,
niemand weiß, wogegen eigentlich.
Sie sind wie Rüden,
sie wollen keinen zweiten Platz,
deswegen habe ich auch immer Hündinnen,
was meine Hunde angeht.
Was meinen Bruder aber angeht,
so weiß ich nicht,
wogegen er aufbegehrt.
Gegen den Vater?
Was für ein Unsinn,
denn selbst ich,
der Ältere,
ich habe niemals gegen den Vater aufbegehrt.
Gegen mich am Ende?
Als kleiner Bruder gegen den großen Bruder?
Ein noch größerer Unsinn,
denn dieser Kampf ist nicht zu gewinnen.
Der Ältere hat alle Vorzüge,
dafür aber muss er auch zuerst gehen.

Pause. Beide starren vor sich hin, in Engelhardts Hand verglimmt eine Zigarette ungeraucht.

DR. JANSEN Ich muss Sie jetzt verlassen,
so angenehm die Unterhaltung mit Ihnen auch ist,
aber die Praxis ruft.
Darf ich die Bilder schon jetzt mitnehmen?

ENGELHARDT Sie sind ja bezahlt!

DR. JANSEN Wollen Sie mir noch etwas auf den Weg
geben?
Eine Anregung?
Eine Frage?

ENGELHARDT Ja, Doktor,

können Sie mir erklären,

warum meine Galeristin mir immer sagt,

Engelhardt, Sie müssen nur eines tun,

Sie müssen malen?

DR.JANSEN Vermutlich möchte sie zum Ausdruck bringen, dass Sie,

trotz Ihrer desolaten Situation,

eine Verantwortung tragen.

ENGELHARDT Für was?

Für wen?

DR. JANSEN Für Ihre Kunst,

für Ihre Sammler und Freunde.

ENGELHARDT Meine Kunst ist für mich verantwortlich,

nicht umgekehrt!

Und nicht jeder, der gerade mal zehn Bilder von mir hat,

ist ein Sammler,

und Freunde habe ich sowieso keine.

DR. JANSEN Ich bin Ihr Freund,

auch wenn Sie nicht mein Freund sein wollen.

ENGELHARDT Gut, gut,

aber sagen Sie mir,

was bedeutet es,

dass auch mein kleiner Bruder mir sagt,

ich solle nur malen?

Wo ich doch siebenhundert Bilder habe

und es gar nicht auffällt,

ob ich male oder nicht.

Und warum verkauft die Galeristin nicht erst diese

siebenhundert Bilder,

bevor sie die Stirn hat,

mir zu sagen,

ich solle den siebenhundert Bildern weitere hinzuzufügen,

wo sie nicht mal siebenhundert Kunden aufweisen kann?

DR. JANSEN Diese Frage können wir bei meinem nächsten Besuch behandeln.

ENGELHARDT Gut, so machen wir das,
wann sehen wir uns wieder?

DR. JANSEN In vier Wochen,
wenn Sie mögen,
dann sehe ich mir neue Arbeiten an.

ENGELHARDT Ich werde nicht arbeiten in den nächsten
vier Wochen.

DR. JANSEN Dann rufen Sie mich an,
dann sagen Sie mir,
wenn neue Arbeiten da sind,
die ich mir ansehen kann,
und wenn es in einem halben Jahr ist,
das spielt keine Rolle.

ENGELHARDT Ja, genauso machen wir das!

*Dr. Jansen erhebt sich, und Engelhardt nimmt ihn ungestüm und un-
geschickt in den Arm, wobei ihm die Wolldecke von der Schulter fällt.
Dann küsst er Dr. Jansen mitten auf den Mund.*

*Dr. Jansen streicht Engelhardt übers Haar, dann nimmt er die zwei
Ölbilder, stolpert, fällt nahezu in einen Bilderstapel, fängt sich aber,
lächelt verlegen. Engelhardt schwankt.*

Dr. Jansen geht ab.

Dritte Szene

Engelhardt geht unbekleidet von Malraum zu Wohnzimmer, in dem nun eine Schlafpritsche mitten im Raum steht. Als er zurück ins Malzimmer geht, tritt Valerie auf und steht im Wohnzimmer. Engelhardt hört sie und kehrt ins Wohnzimmer zurück.

VALERIE Ich wollte nur die Wäsche holen
und nach der Post sehen.

Befremdet betrachtet sie den unbekleideten Engelhardt, der sich stöhnend auf die Pritsche legt und sich mit den Decken bedeckt.

ENGELHARDT Was siehst du mich so an?
Nach so vielen Jahren
solltest du doch wissen,
wie ich aussehe.

VALERIE Du läufst mitten am Tag nackt durchs Haus
und bist immer noch betrunken.

ENGELHARDT Und?

VALERIE Du zergehst vor Weltschmerz und Selbstmitleid.

ENGELHARDT Ich habe keinen Weltschmerz,
ich habe einen Selbstschmerz,
und ich habe kein Selbstmitleid,
Selbstmitleid habe ich keins,
Mitleid habe ich nur mit uns,
du hast uns entsorgt,
das kann ich dir nicht verzeihen.

VALERIE Du hast alles getan,
dass ich den ersten Schritt mache,
um dich zu verlassen,
nur damit du nicht der Schuldige bist.

ENGELHARDT Dreizehn Jahre, Valerie,
und alles nur,
um dann alle Ideale zu verraten,
die wir hatten
und die ich immer noch habe,
im Gegensatz zu dir.

Mir scheint, dass man Ideale nur hat,
um sie dann zu verraten,
das ist das Einzige,
was ich von dir gelernt habe,
von dir,
die ich immer für etwas Besonderes gehalten habe,
was du aber in keiner Weise bist,
wie du mir nun gezeigt hast.
VALERIE Welche Ideale denn?
ENGELHARDT Das Ideal,
gegen alles stark zu sein,
das Ideal der Kunst,
das Ideal der Musik,
das Ideal der Selbstbestimmung.
VALERIE Das waren deine Ideale,
deine Kunst,
deine Selbstbestimmung.
ENGELHARDT Es war unsere Kunst,
wir waren selbstbestimmt,
nun, wo du dreißig bist,
willst du das Bürgerliche,
die festen Bezüge,
das Kunstfreie und das Talentlose,
das Verhüllte, das Versteckte,
das Leben deiner Eltern,
und dies noch freudloser,
als es deine Eltern je geführt haben,
denn deine Eltern haben das Leben genutzt und genossen
und in jeder Hinsicht wahrgenommen,
aber wir waren ja schlauer,
und du willst nun die Schlaueste sein.
Für dich waren die Ideale
Etwas Vorübergehendes,
so schlau willst du gewesen sein,
dass du dich jetzt für die Schlaueste hältst.

VALERIE Lass meine Eltern aus dem Spiel.

ENGELHARDT Deine Mutter,
die du immer als konservativ bezeichnet hast,
ist eine moderne Frau,
dein Vater,
den du als Trinker bezeichnest,
ist ein moderner Mann,
ich, mit dem du groß geworden bist,
habe dir immer die Treue gehalten.

VALERIE Du bist fremd gegangen.
Und du trinkst.

ENGELHARDT Ich bin fremd gegangen
und ich trinke,
und ich habe dir immer die Treue gehalten.

VALERIE Engelhardt, ich ersticke in deiner Welt,
ich beginne,
die Malerei zu hassen,
ich fange an,
alle Kunst zu verabscheuen.
Alles dreht sich nur um dich,
und es war immer so,
und so war es immer,
aber ich,
ich habe ein eigenes Leben.

ENGELHARDT Sicher.

VALERIE Willst du mir das absprechen?

ENGELHARDT Nein.

VALERIE Wieso verachtest du mich nur so sehr?

ENGELHARDT Ich verachte dich nicht.
Es macht mich nur müde,
weil ich dich nicht mehr erkenne.
Die, die du warst,
erkenne ich nicht mehr.

VALERIE Du lebst zu sehr in der Vergangenheit.
Menschen ändern sich.

ENGELHARDT Menschen ändern sich nicht,
es sei denn,
sie geben ihre Verstellung auf,
sodass man denkt,
sie hätten sich verändert.
Ich habe mich nicht verändert.
VALERIE Diese Trinkerei,
diese Monologe,
ich habe einfach Angst vor dir,
deine Raserei,
dass du malst mit zwei Pinseln,
als sei einer nicht genug,
dass du die Malerei eigentlich hasst
und diesen Hass Liebe nennst.
ENGELHARDT Darf man nicht mit zwei Pinseln malen?
Darf man nicht hassen, was man liebt?
Habe ich nicht alles für dich gemalt?
VALERIE Ich gehe jetzt.
ENGELHARDT Geh nur.
*Valerie setzt sich auf einen der zwei Sessel und weint. Engelhardt
starrt, auf der Pritsche liegend, an die Decke.*
ENGELHARDT Du hast alles kaputt gemacht.
Dreizehn Jahre war ich bei dem Japaner und in der Firma,
dreizehn Jahre mit dir,
zum Japaner kann ich nicht mehr zurück,
wer ihn einmal verlässt,
den lässt er nicht mehr rein,
die Japaner sind stolz,
der Japaner hat mich dreizehn Jahre ernährt,
nicht die Galerien haben das getan,
der Japaner hat das getan,
du und ich,
wir haben dreizehn Jahre von dem Japaner gelebt,
du hast zwar auch immer gearbeitet,
wenn mir auch scheint,

nur ich hätte alle Arbeit getan,
was natürlich falsch ist,
dreizehn Jahre haben wir gleichzeitig auch
von deiner Arbeit gelebt,
und dann gehe ich weg von dem Japaner,
und dann gehst du weg von mir,
und nun müssen wir das Haus verkaufen.

VALERIE Es hätte alles nicht so kommen müssen.

ENGELHARDT Es musste so kommen,
ich hätte es kommen sehen müssen.
Wer hätte gedacht,
dass du nach dem Gegenteil von dem,
was ich bin,
gesucht hast,
und dies
von Anfang an.

VALERIE So war das nicht.

ENGELHARDT So war das,
und so ist das.

VALERIE Es ist das Trinken,
das Maßlose.

ENGELHARDT Keine Frau versteht
einen trinkenden Mann.
Du verstehst deinen eigenen Vater nicht,
der dir alles gegeben hat,
du verzeihst deinem eigenen Vater nicht,
obwohl er dir alles gegeben hat.
Du verzeihst mir nicht,
obwohl ich dir alles gegeben habe.

VALERIE Nichts hast du mir gegeben.

ENGELHARDT Gut.

VALERIE Hier tauchen Leute auf,
die ich nicht kenne.
Diese Frau,
dann andere Leute,

dann deine Post,
Briefe aus der Ukraine,
was ist das alles?
ENGELHARDT Doris?
Eine Malschülerin.
VALERIE Und die Briefe?
ENGELHARDT Was interessieren die dich?
Korrespondenzen eben.
VALERIE Suchst du da dein Glück?
ENGELHARDT Hier gibt es ja keine Frau für mich,
alle haben sie Kinder
und sind geschieden,
so kann kein Anfang aussehen,
nachdem du weg bist
und mit Habib zusammen bist,
Habib, der Liebling
ist er das -
ein Liebling und der Geliebte?
VALERIE Ja, ich liebe Habib.
ENGELHARDT Liebst du ihn,
so wie du mich geliebt hast?
Dann sehe ich schwarz für ihn.
VALERIE Er ist anders,
ganz anders als du.
ENGELHARDT Das glaube ich dir aufs Wort.
VALERIE Ich möchte doch nur,
dass auch du glücklich wirst.
ENGELHARDT So glücklich wie du?
VALERIE Ja.
ENGELHARDT Gott bewahre!
Valerie steht auf und geht schnell ab.
Engelhardt erhebt sich von der Pritsche und geht auf und ab und raucht.
Doris tritt ein.
DORIS Die Tür war unverschlossen,

da bin ich gleich rein.

Doris betrachtet den unbekleideten Engelhardt neugierig und scheu.

ENGELHARDT Habib heißt er.

DORIS Wer?

ENGELHARDT Mein Nachfolger.

DORIS Valeries neuer Freund?

ENGELHARDT So kann man sagen.

Valeries neuer Freund,

wie grotesk das auch klingt,

wie falsch

und wie wahr

in einem.

DORIS Ein Ausländer?

Engelhardt lacht und nimmt seine Gitarre, dann stellt er sie aber zurück, und sie lehnt wieder an dem Verstärker, der brummt, wie immer.

DORIS Willst du dir nicht etwas anziehen?

ENGELHARDT Wenn es dich stört,

dass ich nichts anhabe,

kannst du gleich wieder gehen.

DORIS Nein,

natürlich stört es mich nicht,

wie Gott uns geschaffen hat,

nichts anderes ist es doch.

ENGELHARDT Lass Gott da raus.

DORIS Künstler sind eben frei,

deswegen fühl ich mich auch zu ihnen hingezogen.

ENGELHARDT Ich bin unfrei,

auch wenn ich nichts anhabe.

DORIS Ich hab dir was mitgebracht.

ENGELHARDT Was denn?

DORIS Brötchen und Kuchen.

ENGELHARDT Ich esse nichts.

DORIS Du musst etwas essen.

ENGELHARDT Ich esse nichts.

DORIS Iss doch was.

ENGELHARDT Wie ich es hasse,
    wenn jemand Vertrautes scheitert!
    Wie ich das Vertraute erkenne
    im Scheitern,
    und wie mich das beschämt,
    und wie ich das hasse!
    Alles, was ich von Valerie kenne,
    ist nun gegen mich.

Engelhardt legt sich wieder auf die Pritsche, bedeckt sich mit den Decken. Doris deckt den Glastisch und bereitet ein Frühstück vor.

DORIS Nun wird alles gut.

ENGELHARDT Nichts wird gut.

DORIS Alles wird gut.

ENGELHARDT Du erinnerst mich an Doris Day.

DORIS Doris Day? Ausgerechnet die!

ENGELHARDT Wer willst du denn sein?

DORIS Ich selbst,
    das will ich sein,
    und das bin ich auch.

ENGELHARDT Das will Valerie auch,
    sie selbst sein.

DORIS Nur Frauen wissen,
    was ein Mann braucht.

ENGELHARDT Valerie weiß das nicht,
    sie hat jetzt Habib,
    da denkt sie,
    dass sie weiter ist,
    aber sie wird mehr scheitern,
    als sie an mir scheitern konnte.

DORIS Der Ulli weiß das nicht zu schätzen.

ENGELHARDT Was?

DORIS Er wusste nie etwas zu schätzen.

ENGELHARDT Was wusste er nicht zu schätzen?

DORIS Die Kleinigkeiten,
    das Liebevolle,

die Nachsicht,
die Bemühungen,
meine Arbeit,
dass ich immer alles zusammenhalte,
die Kerstin und die Katrin,
dass immer alles funktionierte.

ENGELHARDT Ich stehe heute nicht mehr auf.

DORIS Du musst frühstücken.

ENGELHARDT Ich frühstücke nicht.

DORIS Was möchtest du dann?

ENGELHARDT Zieh dich aus!

DORIS Soll ich das?
Ich mache das.

ENGELHARDT Das war ein Scherz.

DORIS Oh.

Engelhardt und Doris schweigen lange. Engelhard steht dann auf, zieht sich eine Hose und einen Pullover an, er geht auf und ab und raucht. Doris schaut auf ihre Hände.

ENGELHARDT Du musst jetzt gehen.

DORIS Ich bleibe,
so lass ich dich nicht allein.

ENGELHARDT Ich muss mich um meine Korrespondenz kümmern.

DORIS Wie?

ENGELHARDT Briefe schreiben.

DORIS An wen?

ENGLHARDT An die Ukrainerin.

DORIS Ich verstehe nicht.

ENGELHARDT Ich verstehe es selbst nicht.
na gut, das kann ich auch morgen noch tun.

DORIS Nur du kannst mich verstehen,
nicht der Ulli,
der hat mich immer nur...

ENGELHARDT Was?

DORIS Der Ulli...

ENGELHARDT Geh nach Hause zu deinem Ulli.

DORIS Nun wird alles anders für mich.

ENGELHARDT Nichts wird anders für dich.

DORIS Jetzt wird alles anders.

ENGELHARDT Mit deinem Ulli wirst du alt werden,
das ist alles,
und da hast du noch Glück.

DORIS Jetzt kenne ich dich.

ENGELHARDT Nichts kennst du und niemanden,
mich schon mal gar nicht.

DORIS Darauf habe ich gewartet,
all die Jahre,
als die Kinder klein waren
und keine Hoffung war,
immer mit dem Kinderwagen durch den Wald
und der Ulli immer unterwegs,
und ich habe alles getan,
nichts wurde anerkannt,
die Blumen in der Wohnung nicht,
das Essen nicht,
die Kinder nicht.
Mit jeder Sekretärin,
wirklich mit jeder
hat er's getan.

ENGELHARDT Dir fehlen die Beweise.

DORIS Eine Frau weiß das.

ENGELHARDT Lass dich doch scheiden.

DORIS Ja,
ich lasse mich scheiden.

ENGELHARDT Du bist die Letzte,
die sich scheiden lässt.

DORIS Für dich lasse ich mich scheiden.

ENGELHARDT Warum Habib,
warum dieser Mensch?
Das verstehe ich einfach nicht.

DORIS Das Fremdländische,
   das wird es sein.
ENGELHARDT Als ob die Malerei nicht schon
   ein fremdes Land wäre!
DORIS Valerie war keine Muse!
ENGELHARDT Was weißt denn du?
   Nichts weißt du!
Engelhardt und Doris sitzen schweigend lange Zeit, dann steht Engelhardt auf und schiebt eine CD ein. Woman Is The Nigger Of The World *von John Lennon erklingt.*

Vierte Szene

Torben, der Gitarrenlehrer, und Engelhardt sitzen sich im Wohnzimmer in den Sesseln gegenüber, Engelhardt legt seine Gitarre auf den Boden und dreht sich eine Zigarette. Torben spielt Johnny B. Good. Als er fertig ist, schweigen beide zunächst.

ENGELHARDT Es ist mir unbegreiflich,
   wie schnell du diese Nummer spielen kannst.
TORBEN Die Nummer ist einfach.
ENGELHARDT Für dich,
   für mich ist sie schwierig,
   alles Musikmachen ist schwierig für mich,
   obwohl meine Liebe für diese Musik
   einfach ist,
   einfach und nicht schwierig.
TORBEN Deep down Louisiana close to New Orleans,
   Way back up in the woods among the evergreens
   There stood a log cabin made of earth and wood,
   Where lived a country boy named of Johnny B. Goode
   Who never ever learned to read or write so well,
   But he could play the guitar like ringing a bell...
ENGELHARDT Du kennst selbst den Text.
   Ich habe das Lied hundert Mal gehört,
   den Text aber kenne ich immer noch nicht,
   so geht es mir mit allem,
   außer dem Malen.
TORBEN Du kannst ja malen.
   Das stelle ich mir schwierig vor.
ENGELHARDT Malen ist einfach,
   die Bilder malen sich von selbst,
   wenn man einen guten Tag hat.
   Wenn man einen schlechten Tag hat,
   dauert es nur ein wenig länger.
   Aber das Gitarrespielen fällt mir schwer.
TORBEN Wichtig ist,

dass du aus der Trennung was machst.

ENGELHARDT Was denn nur?

TORBEN Du musst arbeiten.

ENGELHARDT Das kann ich nicht.

TORBEN Mal doch einfach wieder.

ENGELHARDT Alles verweigert sich mir.
Ich suche Ersatz für Valerie,
aber ich kann sie nicht ersetzen,
es ist ein Irrtum,
zu denken,
man könne irgendeinen Menschen
auch nur annähernd ersetzen,
nur eine Bürokraft kann man ersetzen.
Ich werde Valerie also nicht ersetzen wollen,
weil ich es sowieso nicht könnte
und es vollständig unmöglich wäre.
Ich schreibe einer Olga in der Ukraine,
die ein Leben führt,
das mir vollkommen fremd ist,
sie denkt auch in einer mir völlig fremden Art,
sie schreibt in einem Englisch,
das meinem japanischen Englisch völlig unähnlich ist,
aber sie hat mir ein Foto geschickt,
das mich berührt hat.

TORBEN Engelhardt,
die Idee ist ja nicht verkehrt,
aber in deinem Zustand,
da kannst du das nicht machen.
Es ist eigentlich unverantwortlich.
Und überhaupt:
Willst du hinfahren?
Oder wirst du sie einladen?

ENGELHARDT Diese konkreten Fragen
machen mich verrückt.
Ich weiß nicht,

was ich machen soll.
Erstmal muss ich,
zunächst muss ich,
als aller Erstes muss ich,
ich hab vergessen,
was ich muss...
TORBEN Die ist viel zu jung für dich,
ENGELHARDT Sie ist so jung,
wie Valerie war,
als ich sie kennenlernte.
TORBEN Du spielst Schicksal,
ich finde das unfair.
ENGELHARDT Du kannst nicht Johnny B. Good spielen
und solche Sachen sagen.
TORBEN Das eine hat mit dem anderen nichts zu tun.
ENGELHARDT Seit wann das?
TORBEN Was versprichst du dir denn nur
von diesem Mädchen?
ENGELHARDT Alles.
TORBEN Geh doch lieber mal aus und lern so eine kennen.
ENGELHARDT Ich gehe nicht mehr aus,
alles, was ich kann,
ist Briefeschreiben,
das kann ich gut,
obwohl ich kraftlos bin.
Alles, was mit Valerie unmöglich war,
wird mit Olga möglich sein.
Ich sehe schon jetzt den Birkenhain,
den ich malen werde,
den ich als ihre Heimat malen,
und mit ihren Augen sehen
werde,
wenn wir uns mal einig sind,
und den ich deswegen besonders werde malen können,
und der Birkenhain wird meine Kunden entzücken,

und sie werden mir alles verzeihen,
weil ich plötzlich diese neuen Landschaften malen werde.
TORBEN Du machst dir nur was vor.
ENGELHARDT Ich weiß nicht,
warum du alles so negativ siehst.
Ich sollte einfach in die Ukraine reisen.
TORBEN In deinem Zustand schaffst du es nicht mal bis
nach Frankfurt.
ENGELHARDT Dann soll sie eben kommen.
TORBEN Du kannst keine Sechzehnjährige einladen.
ENGELHARDT Dann warte ich einfach zwei Jahre,
was sind schon zwei Jahre für mich!
TORBEN Ich kann die weiße Fender,
die du mir letztes Mal geschenkt hast,
nicht annehmen.
ENGELHARDT Behalt sie ruhig,
ich wollte immer eine weiße Fender,
so wie Hendrix,
aber als ich sie hatte,
konnte ich auf ihr nicht spiele,
weniger als auf allen anderen meiner Gitarren,
seltsamerweise.
Die weiße Fender wollte mich gar nicht ranlassen.
Nimm sie als Freundschaftsgeschenk.
TORBEN Ein zu großes Geschenk.
ENGELHARDT Weil wir nicht wirklich befreundet sind,
ich weiß, ich weiß.
Torben schweigt, Engelhardt steht auf und geht wie immer auf und ab,
er raucht ununterbrochen.
ENGELHARDT Lassen wir das,
wir kommen auch so gut miteinander aus,
du bist mein Gitarrenlehrer,
und ich bezahle die Stunden,
auch wenn wir viel reden in den Stunden,
in denen ich Gitarre lerne.

Mit meinen Malschülern mache ich es nicht anders.
Jetzt habe ich Doris, die Malschülerin,
und wir haben noch nicht einmal gemalt,
aber natürlich ist sie dennoch meine Malschülerin.
Also kenne ich das,
und du musst dich nicht erklären,
man kann nicht jedermanns Freund
und nicht der Freund von jedem Schüler sein.
TORBEN Das klingt abgeklärt.
ENGELHARDT Das ist es nicht.
TORBEN Und wie geht es weiter?
ENGELHARDT Womit?
TORBEN Mit dem Unterricht.
ENGELHARDT So wie immer,
so geht es weiter.
Es geht weiter wie seit einem Jahr.
TORBEN Und mit der Ukraine?
ENGELHARDT Wir müssen weiter Briefe schreiben,
alles, was mit Valerie war,
muss jetzt ukrainisch korrigiert werden,
das braucht natürlich Zeit,
auch wenn ich ungeduldig bin,
aber ich will diese Hast nicht,
ich will, ich will,
ja, was will ich nur?
TORBEN Wieso stehen hier die zwei Koffer und das Stativ?
Hast du Besuch?
ENGELHARDT Ja, Thekla ist da
für zwei Tage.
TORBEN Wer ist das?
ENGELHARDT Eine Fotografin,
sie arbeitet an einem Bildband über Künstler.
Sie wäre ideal als Inspiration,
aber sie ist verheiratet,
und ihr Mann ist ein ständiges Gespenst,

das stört.

Sie war einmal eine schöne Frau.

TORBEN War?

ENGELHARDT Ja.

Sie wird jeden Moment kommen,

dann wirst du dir selbst ein Bild von ihr machen können.

TORBEN Ich gehe lieber, bevor sie kommt.

ENGELHARDT Wieso denn?

Bleib ruhig ein wenig,

vielleicht macht sie ein Foto von dir.

TORBEN Aber ich kann nicht lange bleiben.

ENGELHARDT Ich weiß, das weiß ich doch.

TORBEN Ich muss in den Proberaum.

ENGELHARDT Aber da bist du doch auch nur allein.

TORBEN Ich bin gerne allein im Proberaum.

Thekla tritt ein, sie wirft den Mantel ab und setzt sich auf die Chaiselongue.

THEKLA Es ist gar nicht so einfach,

an Ausstellungsmöglichkeiten zu gelangen.

Ich bin den ganzen Tag durch Köln gelaufen,

und alles war vergeblich.

ENGELHARDT Thekla, das ist Torben, mein Gitarrenlehrer.

Thekla steht auf und begrüßt Torben, indem sie ihm die Hand reicht. Torben wirkt verlegen.

ENGELHARDT Torben ist meine Verbindung zur Außenwelt.

TORBEN Wie bitte?

ENGELHARDT Aber so ist es doch,

das weißt du doch auch.

THEKLA Bist du Musiker?

TORBEN Ich hatte mal eine Band,

jetzt gebe ich Unterricht.

THEKLA Du bist einsam,

nicht wahr?

TORBEN Wieso denn das?

THEKLA Ich sehe so was.

ENGELHARDT Thekla sieht mehr als ich,
vor allem,
was Einsamkeit betrifft.

TORBEN Ich bin alles andere als einsam.

THEKLA Für mich bist du einsam.

ENGELHARDT Thekla ist klug!

THEKLA Nein, das bin ich nicht,
ich sehe nur, was ich sehe.

ENGELHARDT Wie klug du sein kannst!!

TORBEN Ich muss jetzt gehen.

Torben legt seine Gitarre in den Koffer, verschließt ihn, zieht seine Jacke an, nimmt das Geld, das ihm Engelhardt reicht, verabschiedete sich rasch von beiden und tritt ab.

ENGELHARDT Seit einem Jahr sehen wir uns jeden
Dienstag.

THEKLA Ein schüchterner Mensch.

ENGELHARDT Das ist er, ja.

THEKLA Tut er dir gut?

ENGELHARDT Er ist mein Therapeut.

THEKLA Das konnte man sehen.

ENGELHARDT Tatsächlich?

THEKLA Ja.

ENGELHARDT Ich bin ein Instrumentalisierungsmensch.

THEKLA Das weiß ich.

ENGELHARDT Selbst in meinem Unglück noch.
Ich suche mir mein Medium.
Ich baue gerade ein ukrainisches Medium auf,
und das mit dem größten Aufwand.

THEKLA Ich mach jetzt Fotos von dir.

ENGELHARDT Für dein Buch?

THEKLA Ja.

ENGELHARDT Ich bin nicht in der Stimmung für Fotos.

THEKLA Ich muss sie jetzt machen,

denn morgen in der Früh fahr ich schon wieder.

Engelhardt hyperventiliert plötzlich. Thekla geht zu ihm und umarmt ihn.

THEKLA Beruhige dich doch,

ENGELHARDT Immer alleine,
   immer bin ich alleine.

THEKLA Ich kann doch nicht bleiben.

ENGELHARDT Du hast ja dein Leben.

THEKLA So wie alle Menschen.

ENGELHARDT Nur ich habe keins.

THEKLA Du wirst auch wieder eins haben,
   und dann kennst du mich nicht mehr,
   dann bin ich nur noch eine alte Frau für dich.
   Ich kenne die Männer,
   ich hatte viele Männer.

ENGELHARDT Auch Männer wie mich?

THEKLA Einer war wie du,
   der hat sich aber umgebracht.

ENGELHARDT Das wird mir nicht passieren,
   denn nun wird alles anders.
   Ich werde zu meinen ureigenen Vorstellungen
   zurückkehren
   und das Leben so leben,
   wie es mir zu leben verhindert worden ist.

THEKLA Von wem?

ENGELHARDT Von allen,
   vor allem von Valerie,
   die mich dafür verantwortlich macht,
   dass sie ihr Leben nicht so leben konnte,
   wie sie es wollte,
   was natürlich nicht stimmen kann,
   da sie nie wusste,
   was sie wollte.
   Sie wusste immer nur,
   was sie nicht wollte,

das ist ein großer Unterschied.
Ich sage es nur dir, Thekla,
ich werde zu einem harmlosen Leben zurückkehren,
den Rausch werde ich eindämmen,
und die Weltreisen werde ich einstellen,
obwohl ich auch jetzt eine Weltreise machen könnte.
Ich werde mich erneuern,
indem ich
auf meine ursprünglichen Vorstellungen
zurückgreife.
Das ist das Gute,
wenn man über ein Repertoire verfügt,
so, wie es alle Profis tun,
bei den Beatles angefangen,
auch wenn ich Mühe habe Gitarre zu spielen
und sie sofort alles spielen konnten.
THEKLA Was sind denn deine Vorstellungen?
ENGELHARDT Darüber möchte ich jetzt nicht sprechen.
Thekla hat ein Stativ aufgebaut und schraubt ihre Kamera fest.
Engelhardt öffnet eine Flasche Wein und trinkt sie in einem Zug zur
Hälfte leer. Dann raucht er.
ENGELHARDT Picasso zum Beispiel,
der hatte seine kurze, weiße Sporthose nur an,
wenn die Fotografen im Haus waren.
Wenn die weg waren,
hatte er gar nichts an.
Das gefällt mir.
Für mich ist Schluss mit Büro.
Für mich ist Schluss mit Valerie.
THEKLA Mach mal was, ich mache jetzt ein paar Fotos.
ENGELHARDT Was soll ich denn machen?
THEKLA Irgendwas, beweg dich,
komm aus dir heraus,
lass dich gehen,
zeig dich.

ENGELHARDT Ich könnte mich ausziehen.

THEKLA Sehr gut.

ENGELHARDT Aber das ist ein alter Hut,
  wer will das sehen!

THEKLA Das interessiert die Menschen immer,
  auch wenn niemand es zugibt.

ENGELHARDT Ziehen die anderen Künstler,
  die du für dein Buch fotografierst,
  sich aus?

THEKLA Nein,
  keiner traut sich.

ENGELHARDT Siehst du!

THEKLA Aber du bist anders.

ENGELHARDT Natürlich bin ich das.

THEKLA Mach was!

Engelhardt bleibt in seinem Sessel sitzen, plötzlich schreit er gellend.
Thekla drückt mehrfach auf den Auslöser. Engelhardt schreit und
schreit, dann verstummt er.

THEKLA Der Schrei war gut.

ENGELHARDT Mehr konnte ich nicht machen.
  Und ausziehen werde ich mich doch nicht,
  ich werde mich erst wieder ausziehen,
  wenn Olga kommt.

THEKLA Wer ist Olga?

ENGELHARDT Das weiß keiner,
  möglicherweise nicht mal ihre Eltern,
  die sicher glauben,
  dass sie ewig bleibt in Schnee und Eis
  und nie weggeht,
  zuallerletzt zu einem Maler nach Deutschland,
  wo sie sicher von der Malerei noch weniger wissen,
  als von Deutschland,
  und am Ende von beidem sowieso gar nichts wissen
  und nichts wissen wollen.

Engelhard trinkt die Flasche rasch leer, dann öffnet er sofort eine zweite.

THEKLA Ja, trink nur,
   das tut dir gut.

ENGELHARDT Du bist so gut zu mir.

THEKLA Mein Leben ist ja auch nicht einfach.

ENGELHARDT Das weiß ich.

THEKLA Meine Tochter verachtet mich,
   weil ich so offen bin
   mit den Menschen.

ENGELHARDT Du hast eine Tochter?

THEKLA Ja, sie ist schon erwachsen.

ENGELHARDT Und sie,
   sie ist nicht offen mit anderen Menschen?

THEKLA Nein, selbst mit mir nicht,
   ich wäre nicht mal befreundet mit ihr,
   wenn sie nicht meine Tochter wäre.
   Sie lehnt meine Fotos ab,
   die Künstlerporträts
   und insbesondere meine Selbstporträts,
   immer sagt sie,
   Mutter, wieso machst du das?
   In deinem Alter!
   Du zeigst dich in deinen Selbstporträts
   allen Menschen nackt,
   gibst dich völlig preis,
   wozu soll das gut sein?
   Es ist nur peinlich!
   Das sagt sie.

ENGELHARDT Deine Tochter erinnert mich an Valerie.

THEKLA Findest du mich schön?

ENGELHARDT Ja, du bist schön.

THEKLA Das sagst du nur einfach so.

ENGELHARDT Du bist schön,
   weil du die Schönheit verteidigst.
   So wie ich, der ich immer die Schönheit verteidigt habe.

THEKLA Du bist schön in deinem Schmerz.

ENGELHARDT Alle Menschen sind schön
in ihrem Schmerz,
es sei denn,
der Schmerz ist unwahr,
und es ist nur die Eitelkeit,
die verletzt ist
und deswegen schmerzt.

THEKLA Ich habe ein neues Piercing.
Magst du es sehen?

ENGELHARDT Warum hast du es dir stechen lassen?

THEKLA Ich wollte mich schmücken.

ENGELHARDT Das letzte Mal hat dich
die Haarlosigkeit geschmückt,
nun brauchst du noch mehr Schmuck?

THEKLA Ja, ich habe jetzt einen Ring in den Schamlippen,
ich bin fast verrückt geworden vor Schmerz.

ENGELHARDT Warum hast du das gemacht?

THEKLA Weil ich nicht mehr begehrt werde.

ENGELHARDT Mich begehrt auch niemand mehr.

THEKLA Aber ich bin eine Frau.

*Thekla und Engelhard umarmen sich und fallen auf die Pritsche.
Thekla zieht sich das Kleid über den Kopf. Nackt legt sie sich neben
Engelhardt, der Unverständliches murmelt und zischende Geräusche
von sich gibt und unartikuliert jammert.*

ENGELHARDT Ich kann dir nichts geben,
dafür ist meine Erschöpfung zu groß.

THEKLA Das weiß ich doch,
das ist es ja,
wenn die Erschöpfung erst einmal da ist,
und wenn die Trennung da ist.

ENGELHARDT Ja, die Trennung,
wenn die Trennung da ist.

THEKLA Ich kann dir nicht helfen.

ENGELHARDT Das weiß ich,

du fährst ja morgen schon.

THEKLA Ich fahre sehr früh am Morgen,
dann schläfst du wahrscheinlich noch.

ENGELHARDT Wenn du fährst,
bin ich hellwach.

THEKLA Schlaf dann ruhig weiter,
wenn ich gehe.

ENGELHARDT Niemals schlafe ich dann weiter,
ich gehe dann wach in den langen, toten Tag
und reibe mir nicht mal die Augen.

THEKLA Lass uns miteinander schlafen.

ENGELHARDT Das geht nicht.

THEKLA Begehrst du mich nicht?

ENGELHARDT Doch,
aber ich kann mit niemandem schlafen,
der geht.

Fünfte Szene

Engelhardt geht in einem Malkleid zwischen Wohnzimmer und Malraum hin und her, endlich lässt er sich auf der Chaiselongue nieder. Sein Oberkörper neigt sich vor und zurück, dies in einem fort.

ENGELHARDT Dass die Valerie weg ist,
    das ist kaum zu glauben.
    Dass es keinen Weg zurück gibt,
    das ist jetzt eingetreten.
    Eine Trennung nach so vielen Jahren,
    ist mit wenig zu vergleichen.
    Eine Trennung gegen alle Vernunft,
    wenn auch alles
    gegen den Fortbestand unserer Beziehung spricht.
    Jede könnte weg sein,
    aber diesmal ist es Valerie,
    die ich doch in und auswendig kenne,
    so wie keiner.
    Dem Habib wird sie kein Glück bringen
    und der Habib ihr natürlich auch nicht.
    Diese Menschen haben Sand im Getriebe,
    was das Denken und das Fühlen angeht.
    Menschen wie Habib sind nicht für Frauen geschaffen.
    Habib, werde ich sagen,
    wenn ich auf ihn treffe,
    du sitzt an einem abgegrasten Tisch,
    was Valerie angeht.
    Du bist der ewige Zweite, egal, was du tust,
    alles, was dir neu erscheint,
    Valerie betreffend,
    ist alt und abgewirtschaftet,
    so sag ich ihm gleich, wenn ich ihn treffe.
    Man kann eine Liebe nicht auf einer zerstörten aufbauen,
    das müsstest du mir erstmal vormachen,
    Für Marktwirtschaft interessiert er sich, sagt die Valerie,

nicht für Kunst.
Für die Kunst der Marktwirtschaft,
sagt sie stolz,
als gehe es nun nur noch bergauf,
dabei geht es mit der Marktwirtschaft
und mit Valerie und mit Habib,
der den Mund voll nimmt,
nur noch bergab,
dafür muss ich mich nicht mal auskennen,
um das zu behaupten.
Die Valerie da oben in der Wohnung,
ich hier unten im Haus,
auf den gepackten Koffern
meiner Beziehung
und meiner Existenz.
Immer muss ich nachsehen,
ob das Malzimmer noch da ist.

Engelhardt steht auf und läuft zum Malzimmer, dann geht er langsam zurück, setzt sich und wippt wieder.

ENGELHARDT Bald wird das Haus verkauft,
gut, dass meine Bilder das noch nicht wissen.
Bald lebt hier jemand Fremdes,
sitzt hier,
wo ich sitze.
Kackt in mein Klo,
geht in meinen Garten
und in die Sonne,
benutzt meine Adresse.
Und ich gehe wohin, wo niemand hin will, schon mal gar
nicht ich mit meinen Bildern!

Engelhardt schreit auf, sehr laut, dann schüttelt er sich.

ENGELHARDT Jetzt hört die Valerie das,
da kann sie den Habib anrufen und sagen,
der schreit schon wieder, der Engelhardt,
es ist also wahr,

dass er verrückt ist,
so wie ich es dir immer gesagt habe
und wie es mir die ganze Familie nicht hat glauben wollen.
Der Habib soll die Valerie haben,
soll er doch,
was nutzt sie ihm!
Er, der sie ja gar nicht kennt.
Irgendwann wirst du ganz alleine da sitzen,
hat mir Valerie oft genug gesagt,
und jetzt sitze ich hier alleine
und doch ist nichts damit bewiesen.

Engelhardt springt auf, geht ins Malzimmer und schleppt einen großen Spiegel ins Wohnzimmer und stellt ihn, sich gegenüber, an den anderen Sessel gelehnt, auf. Dann öffnet Engelhardt eine Flasche, die er in großen Zügen fast vollständig leert, der Wein fließt ihm beim Trinken übers Kinn und auf sein Malkleid.

ENGELHARDT So ist es besser,
so habe ich ein Gegenüber,
man redet ja nicht gerne in einen leeren Raum hinein.

Engelhardt beginnt erneut zu wippen.

ENGELHARDT Man könnte sagen,
Habib hat mir die Frau genommen,
wenn Valerie sich ihm nicht an den Hals geworfen hätte.
Valerie hat ihren Vater abgeschossen
und ihre Jugendliebe und ihren Beschützer,
eben mich,
gleich mit dazu.
Ich war Valeries Kunst- und Lebenslehrer,
ich war Valeries Lebensakademie.
Habib wird nur ein Verwalter sein,
Valeries Lebensverwalter,
wenn überhaupt,
er wird ihr Angestellter sein,
der den Laden umkrempeln will.
Valerie wird die Puppen tanzen lassen,

jetzt,
wo der Engelhardt weg ist.
Ich, der Engelhardt,
habe jetzt Valeries Lebenssuppe auszulöffeln,
niemand fragt mich,
niemand fragt mich was,
alle sind nur neugierig,
was mein plötzliches Unglück betrifft,
alle kommen sie angelaufen,
wie bei einem Verkehrsunfall auf der Straße
und heucheln Anteilnahme,
aber dann sind sie weg,
wenn es ums Krankenhaus und die Genesung geht,
da sind sie weg,
das ist bekannt,
dass Menschen so reagieren,
sie wollen das Unglück sehen,
nicht die Möglichkeit von Glück.
Sie wollen den Schrecken, nicht die Erlösung von ihm.
Wenn der Schrecken andere überfällt,
dann wollen sie den Schrecken erleben,
nicht das Nachlassen des Schreckens.
Die Menschen sind so.
Was sie Mitgefühl nennen,
ist nur die Erregung am Unglück anderer.
Sie reichen dir die Hand,
aber sie zeigen dir ihren Arsch.
Sie verwickeln dich in Gespräche
und ergötzen sich nur an ihrer Mildtätigkeit.
Wenn der Künstler jung ist, dann sind sie begeistert,
so viel Talent, sagen sie, so viel Talent!
Wird er älter,
dann wollen sie so viel Talent nicht mehr,
dann soll er endlich in die zweite Reihe treten,
und ein alter Künstler ist nur noch lästig,

all die stinkenden Farben
und immer neue Bilder
und ein Leben wie ein Student
und das jahrzehntelang.
Ein alter Künstler soll nur noch sterben
und keine Olga mehr holen aus der Ukraine,
wo meine Vorfahren kleine Kinder an die Bäume schlugen
und ganze Familien in die Gruben schossen,
wo man noch heute ukrainische Knochenberge findet,
falls man sucht,
die und ein Flaschenmeer,
denn das Mordgesicht, das deutsche,
hat sich schon immer gerne Mut angetrunken,
da kenne ich mich aus,
auch wenn ich weder Täter noch Opfer bin
und von beiden Seiten,
der ukrainischen sowie der deutschen,
sofort verhaftet worden wäre,
da ich zu nichts anderem tauge,
als zum Malminister,
der ich nicht hätte sein können,
da es Malminister nicht gibt,
es gibt nur einen Kulturminister,
von dem keiner weiß,
was er tut,
der nur schwadroniert
und sich mit den Federn der Kunst schmückt,
die niemals seine eigenen sind.
Das Deutsche in mir,
das Kleine in mir,
der Größenwahn,
die Minderwertigkeit und das Hochtalent,
der ganze Abgrund, der ganze Zweifel,
der deutsche Expressionismus in mir!
Der Antichrist und der Priester in mir,

das Rauschhafte in mir,
das erst geht,
wenn genug getrunken ist.
Und wann wird das sein?
Wenn alle Klarheit willkommen ist
Und der Schlaf endlich stärkt
und nicht mehr schwächt?
Wenn alle Schuld beglichen ist?
Und das wird nie sein, weil alle Schuld bleibt,
egal, wie viele Bilder man malt.
Ich habe nicht nur Kunst studiert,
ich bin als hochtalentierter Mensch
sofort in die
Selbstmordmeisterklasse gegangen.
Sogar unser Direktor, der Kricke,
der sich mit Caravaggio messen kann,
wie die Doppelausstellung in Düsseldorf bewiesen hat,
Michelangelo Merisi da Caravaggio und Norbert Kricke,
Kricke der herausragende Künstler
und der beispielhafte Selbstmörder,
Caravaggio, das Genie und der Mörder seines Gönners,
so klug war er dann doch,
sich nicht selbst umzubringen,
sondern ihn, den Gönner.
Kricke hat uns gewarnt und hat es uns dann vorgemacht,
Kricke, der nur noch die Tauben reinließ,
der nur noch die Tauben liebte am Ende seines Lebens,
Kricke, mein lieber Direktor, jetzt ist er weg,
alle sind sie weg,
auch Valerie hat genug.
Jeder, der sein Studium
an der Kunstakademie ernst nimmt,
bereitet seinen Selbstmord vor,
die anderen, die Dilettanten,
die natürlich nicht,

die gehen in die Versorgungsehen.
Man kann also sagen,
ich studiere Kunst,
indem man sagt,
ich bereite mich auf meinen Tod vor.
Natürlich hat die Rissa überlebt,
ebenso wie ich,
ich bin ja ein Profi,
ich habe ein ausreichendes
wie herausragendes
Werk erarbeitet,
so ich nicht verloren gehe,
sodass ich nicht vergessen werde,
ich bin ja kein Traumtänzer,
dem man im Mondschein begegnen kann,
und die Rissa ist auch ausgeschlafen,
das habe ich sofort gewusst,
als ich ihr das erste Mal begegnet bin,
aber der Hausherr,
der Kricke,
der war natürlich ein ganz Großer.
Gegen den Kricke,
gegen den ist der Lüpertz kein Großer.
Die Nazis sind weg,
aber das Problem ist geblieben,
uns Deutschen fehlt die Leichtigkeit,
das Geschick und die Liebe.
Wir lieben nur uns,
und wir lieben nur den Untergang in uns.
Dass wir Kunst machen, das ist ein Wahnsinn,
wir sollten nur Büros machen,
Listen und weitere Listen und Statistiken.
Mordbüros, die sind unsere Spezialität.
Kaum kommt ein Künstler wie Kricke,
bringt er sich sofort um.

Aber ich,
ich werde mich nicht umbringen,
dazu bin ich viel zu durstig,
und da würde ich Valerie nur recht geben,
wenn ich mich umbrächte.

Engelhardt steht schwankend auf und zieht sich das Malkleid über den
Kopf, er spricht, unbekleidet, wie er nun ist, mit dem Spiegel.

ENGELHARDT Ich brauche kein Malkleid,
ich bin ja nicht Klimt.
Wenn Menschen nackt sind in ihren Häusern,
dann sind das fröhliche und frohgemute Nudisten,
die nichts Böses im Schilde führen,
wenn ich aber mein Malkleid ablege,
dann bin ich sofort ein Wahnsinniger.
Wenn Menschen auf Mallorca einfallen, um zu trinken,
dann heißt es,
ein bisschen Spaß muss sein,
aber bei mir heißt es,
dass ich unrettbar wahnsinnig bin,
es heißt beim Oktoberfest auch,
dass man Spaß brauche, den verdienten,
den nicht hinterfragbaren,
hier und bei mir
ist es die Sucht,
das Künstlerleben ist der Untergang,
heißt es sofort,
mit all den Flaschen im Atelier,
sagen die Leute,
Valerie allen voran.
Schon jetzt könnte ich sterben,
denn ich habe ausreichend Material hinterlassen,
siebenhundert Bilder sind keine Kleinigkeit.
Aber ich sterbe nicht.
Die Doris wird gehen,
wenn sie merkt,

dass Malen nicht wie Schuhe kaufen ist.
Die Doris wird zum Ulli zurückgehen,
wenn sie merkt,
wie anstrengend das Malen ist.
Die Doris, die sechs Mal im Jahr Urlaub macht,
um sechs Mal im Jahr
erschöpft von ihrem Urlaub
in ihr Niemandsland mit Vorgärtchen zurückzukehren,
wo nichts ist,
außer der dusseligen Kerstin und der dusseligen Katrin.
Die Doris wird gehen,
der Torben wird gehen.
Der Torben, der wird sich über Wasser halten mit Jobs,
die man nicht benennen kann.
Der Torben, der ideal wäre als Freund,
der Torben, der kein Freund sein will
und dem ich ein Großformat geschenkt habe,
das er auch nicht liebt.
Die Thekla wird als Putzfrau enden,
so elend wird die Geschichte ausgehen.
Die Thekla wird keinen Blumentopf gewinnen
mit ihrer Fotografie.
Die Valerie wird eine ewige Mutti sein
mit den Kindern Habibs.
Habib wird jedem Rock hinterher sehen,
Habib wird Professor für Neunmalkluge,
die schnelles Geld machen wollen,
und der Sand der Wüste
knirscht ihm zwischen den Zähnen,
was immer er sagt,
Valerie wird warten ihr ganzes Leben lang.
Valerie wird warten ihr ganzes Leben lang.
Engelhardt steht auf und geht auf und ab, er öffnet eine zweite Flasche,
die er hastig leert, dann öffnet er eine dritte.
ENGELHARDT Die Kunstakademie,

die Kunstakademie,

die Kunstakademie.

Engelhardt setzt sich auf die Chaiselongue. Er trinkt die dritte Flasche.

ENGELARDT Olga!

So leben wir eben hier, so sag ich ihr,

trinkend und ohne Malkleid leben wir hier.

Wir haben warme Häuser auf euren Knochen gebaut

und glauben fest an unseren Liebesanspruch,

die Deutschen,

die Dichter, die Denker und die Mörder,

die Deutschen, die niemand will

und die Ukrainer,

die niemand will,

da gibt es Zusammenhänge,

auch wenn man sie nur für die Kunst nutzen kann.

Ich sollte jetzt einen Brief schreiben,

aber ich bin zu besoffen,

und ein Brief braucht sowieso vierzehn Tage.

Und die Antwort auch.

Engelhardt wird bewusstlos.

Sechste Szene

Engelhardt läuft im Wintermantel barfuss auf und ab, soeben ist Dr.
Jansen erschienen.

DR.JANSEN Ich war rein zufällig in der Gegend,
   ich möchte nicht weiter stören,
   die zwei Nachtlandschaften machen sich übrigens
   ausgesprochen gut in meiner Praxis...
ENGELHARDT So?
   Das ist gut.
DR.JANSEN Und da dachte ich mir,
   vielleicht hat Engelhardt eine Tasse Kaffee für mich.
ENGELHARDT Sicher, Herr Doktor,
   wenn es weiter nichts ist.
DR. JANSEN Ist Ihnen kalt,
   oder warum laufen Sie in diesem Mantel herum?
ENGELHARDT Ja, scheußlich kalt,
   sobald ich an Valerie denke,
   dass sie weg ist und zudem mit Habib zusammen,
   aber den kennen Sie ja nicht,
   und der tut auch nichts zur Sache.
   Der Kaffee, der Kaffee, einen Moment,
   ich bereite ihn rasch zu.
Engelhardt läuft aus dem Wohnzimmer, strauchelt und fällt mit seinem
ganzen Gewicht auf den Boden.
DR.JANSEN Um Himmels Willen, haben Sie sich verletzt?
Engelhardt springt sofort wieder auf und humpelt in die Küche, die man
nicht sieht.
ENGELHARDT Der Kaffee, der kommt gleich.
Dr. Jansen geht kopfschüttelnd auf und ab und betrachtet ein großes
Bild, das über der Chaiselongue hängt.
Engelhard kommt mit dem Kaffee zurück.
ENGELHARDT So, das wäre geschafft.
DR. JANSEN Sagen Sie, Engelhardt,
   arbeiten Sie wieder?

ENGELHARDT Ja,
Denkarbeit, keine Malarbeit.
Ich muss jetzt vieles bedenken.
Ausziehen muss ich hier auch bald,
alles, was ich gekauft habe,
muss ich wieder verkaufen,
das ganze Haus.
Nur mein Wagen bleibt mir und die Bilder.
DR. JANSEN Wenn ich Ihnen nur helfen könnte.
ENGELHARDT Vorsicht,
sonst ziehe ich in Ihre Praxis ein.
DR. JANSEN Na, Ihren Humor
haben Sie wenigstens nicht verloren.
ENGELHARDT Wie man's nimmt...
DR. JANSEN Sagen Sie,
welchen Tag haben wir heute?
ENGELHARDT Was soll das?
Ein Test?
Herr Doktor, Sie enttäuschen mich.
Wir haben Montag.
DR. JANSEN Wir haben Dienstag.
ENGELHARDT Wenn schon,
für mich macht es sowieso keinen Unterschied.
DR. JANSEN Trinken Sie immer noch regelmäßig?
Bis zur Bewusstlosigkeit?
ENGELHARDT Natürlich.
DR. JANSEN Lebensgefährlich.
Sie könnten im Schlaf ersticken,
wenn Sie sich in der Bewusstlosigkeit übergeben.
ENGELHARDT So? Daran habe ich noch gar nicht
gedacht.
DR. JANSEN Alles lebensgefährlich!
ENGELHARDT Ich habe keine Zeit,
über die Lebensgefahr und den Tod
nachzudenken,

ich habe ukrainische Lebensgedanken.
Gut, dass Sie mich daran erinnern,
ich muss meinen Steuerberater anrufen,
damit er mir Einkommensnachweise aufschreibt
für das Ausländeramt,
falls ich das Mädchen einladen sollte,
was noch ungewiss ist.
Oder unterschreiben Sie für mich eine Einladung,
Sie, als mein Kunde?
Das Ausländeramt würde Ihnen sofort jede Tür aufhalten,
Ihnen als Arzt.
Für jede Olga in der gesamten Ukraine
würde man Ihnen sofort alles bescheinigen,
man würde eine junge Frau wie Olga
sogar auf eigene Kosten einfliegen lassen,
weil Ärzte für uns alle so überaus wichtig sind
und der Arzt,
neben dem Künstler,
zu den wichtigsten Menschen zählt,
was jedes Ausländeramt natürlich weiß.
DR. JANSEN Ich weiß nicht recht...
ENGELHARDT Sie können es sich ja noch überlegen.
Wie schon gesagt,
da braucht es viele Überlegungen,
wenn man sein Leben ändern möchte.
Es ist ja nicht gesagt,
ob Olga mir dabei behilflich sein kann.
DR. JANSEN Wer ist Olga?
ENGELHARDT Ein Mädchen, dem der ukrainische
Himmel auf den Kopf fällt.
DR. JANSEN Oh.
ENGELHARDT Ja, ja.
DR. JANSEN Einmal etwas anderes,
wieso unterrichten Sie nicht?
Da hätten Sie eine Aufgabe über das Malen hinaus

und Gesellschaft.

Haben Sie schon einmal an eine Dozentur an der
Kunstakademie gedacht?

ENGELHARDT Herr Doktor
ich bin ein No-Name,
auch wenn ich in aller Welt ausgestellt und
hunderte von Bildern verkauft habe
und im Lexikon stehe
und das nicht nur in einem.
Die Akademie nimmt nur
Weltberühmtheiten oder Freunde,
alle Professoren an der Akademie sind Weltberühmtheiten,
die Dozenten sind alle miteinander
und natürlich mit den Berühmtheiten befreundet.
Die Luise und die Rissa und der Sackenheim,
der Lüthi und der Biemel,
alle waren ausgesprochen zuvorkommend,
sie begegneten mir mit freundschaftlichem Respekt,
Kricke allen voran,
Lüpertz hinterher,
Aber nun ist ja nur der Cragg geblieben,
Der Immendorff ist für immer gegangen,
und der Cragg ist immer noch da,
als würde das nicht alles sagen,
Tony, die Nervensäge,
wie wir ihn früher nannten,
der ist ja jetzt Direktor,
und nun gibt es nur noch englische Beamtenkunst,
auf die er es immer schon angelegt hat,
und nun kann man alle Studenten nur noch bedauern,
denn nun geht es unaufhaltsam bergab mit der Akademie,
die der Kricke in schwindelerregende Höhen geführt hat.
Nein, nein, für mich gibt es keine Dozentur.
Ich habe natürlich eine außerordentliche Malkraft,
und ich habe ein außerordentliches pädagogisches Talent,

da würde ich eine Dozentur mit links meistern
und ganz nebenbei bewältigen,
aber man nimmt mich nicht,
Dr. Biemel ist weg,
Luise ist weg,
auf die Rissa hört keiner,
und der Lüthi ist wieder in der Schweiz,
aussichtslos.
Und der Cragg mag mich nicht,
und ich mag den Cragg nicht.
Alles aussichtslos für viele Jahre.
Selbst als Weltberühmtheit würden sie mich nicht nehmen,
Die Rissa hat mir gesagt:
Engelhardt, kommen Sie doch zu mir, wenn Sie mögen.
Das war, wie ich es mag.
Engelhardt, ich habe so wenig zu geben,
nehmen Sie wenigsten den Meisterschüler.
So mag ich das.
Da hatte ich ihn.
Cragg sagt aber nicht:
Engelhardt, kommen Sie doch zu uns.
Das sagt er nicht.
DR. JANSEN Sie sind doch kein Niemand
in der Kunstszene.
ENGELHARDT Mich interessiert die Kunstszene nicht.
Jeden zweiten Tag ruft mich meine Galeristin an
und jammert über die Schwierigkeiten,
eine Galerie zu führen,
beklagt sich über das Finanzamt,
wie teuer die Messen sind,
wie teuer die Werbung ist,
was die Vernissagen kosten,
dass das Finanzamt immer von allem was will,
dass die Künstlersozialkasse auch noch was will,
wie hoch die Miete sei,

wie hoch die Nebenkosten,
dass sie einen Firmenwagen bräuchte,
um den privaten nicht zu verschleißen,
wie teuer die Praktikanten seien,
obwohl sie nichts kosteten,
dafür ja aber auch nichts taten
und doch teuer waren,
teuer vom Anlernen her,
eine Stunde und länger.
Verkauf die Kunst,
entlass die Praktikanten,
was willst du denen auch beibringen?
Bezahl das Finanzamt,
geh auf die Messen,
die Kölner Messe allen voran.
Warum machst du eine Galerie auf,
wenn sie dir sofort über den Kopf wächst?
sage ich ihr dann.
Wie undankbar ihr Künstler seid, sagt sie immer.
Jeder kann sich eine Bude anmieten
und Galerie dran schreiben,
sage ich ihr,
da soll ich dankbar sein,
dass du als Dilettantin dich an ernsthaften Künstlern
bereichern willst?
Ich habe immerhin Kunstgeschichte studiert,
sagt sie da tatsächlich.
Das bedeutet doch nichts,
was du da gemacht hast,
sage ich,
das macht aus dir keine Geschäftsfrau,
auch wenn du so eine noch so gerne wärst,
wo das kleinste Geschäft für dich schon schwierig ist
wie die höhere Mathematik,
wo alle dir schon gesagt haben

und du dir selbst vermutlich
und hoffentlich
auch längst,
dass du alles andere
als eine Intellektuelle
und eine Wissenschaftlerin bist,
und das Letzte,
was du sein könntest,
eine Geschäftsfrau,
die erfolgreich ist,
wäre,
keine Künstlerin,
keine Kunstsachverständige und keine,
die die Kunst in irgendeiner Weise versteht
und nicht mal eine, die die Kunst liebt
und dadurch auch keine,
die die Kunst verdient
und natürlich auf keinen Fall eine,
die an der Kunst verdient,
so, wie du es ja beabsichtigst.
Aber zum Glück
muss ich ja nur abwarten,
bis du den Laden zumachst,
und dann hat es sich was
mit deiner eitlen Selbstinszenierung,
die du auf dem Rücken deines Mannes,
deiner Kinder
und der Künstler auslebst,
dafür musstest du nicht Kunstgeschichte studieren,
um einen Mietraum auf und zu machen.
Eigentlich hast du den Staat betrogen
mit deinen Studierkosten,
was gibst du ihm und der Gesellschaft schon zurück,
als eine Galerie,
die aus dem letzten Loch pfeift?

Was gibst du denn dem Staat zurück? sagt die.

Ich mal die Merkel,

wenn sie wollen und wenn es sein muss,

das mache ich für den Staat,

alles für die Ehre,

alles ohne Bezahlung.

Du würdest sogar die Merkel malen!

Selbstverständlich würde ich das!

Ihr Künstler habt so gar keine Schamgrenze,

sagt die unverschämte Person.

Dafür musst du mich nicht anrufen,

um wieder mal für fünf Minuten wichtig zu sein,

sage ich.

Künstler sind das Letzte,

völlig illoyal,

sagt sie.

Sie denken nur an sich.

Ihr denkt nur an euch, sagt sie.

An wen denn sonst?

sage ich ihr jeden zweiten Tag am Telefon.

An wen sollen wir denn sonst denken,

wenn nicht an uns,

an unsere Arbeit

und somit an das Überleben von uns und der Arbeit?

Sollen wir an dich denken,

die nichts kann,

nichts weiß

und vollkommen überflüssig ist?

Selbstverständlich denken wir nur an uns.

DR. JANSEN Was ist mit der Galerie?

ENGELHARDT Sie liegt in den letzten Zügen,

Gott sei Dank macht sie bald zu.

So eine Galerie,

die nicht weiß,

was sie macht,

wenn sie einen Raum anmietet,
die nicht weiß,
wie und was Künstler sind
und nicht weiß, was sie tun
und deren Anführerin
als ungebildete Person denkt,
bildende Kunst käme von Bildung
und das Stillleben von Stil,
eine solche Galerie braucht niemand,
die Kunden am allerwenigsten,
die in jedem Atelier besser aufgehoben sind
als Besucher und Unterstützer
und Ernährer
und Bewunderer.
Nun gibt es ein einziges Galeriensterben,
was auch Zeit wurde,
niemand will sich mehr,
das Sektglas in der Hand,
für dumm verkaufen lassen
und auf rote Punkte schauen,
die die Galerie selbst anbringt.
Das Gezeter über das Finanzamt,
das hätte sich Unseld seinen Autoren gegenüber
nie erlaubt,
sagte ich meiner Galeristin,
die ja nicht mal meine ist,
sondern jedermanns Tante,
jedermanns unsympathische Tante,
die nur alten Kuchen mitbringt.
Der Unseld,
der ja groß war und weltberühmt,
der hätte sich geschämt,
seine Autoren derart zu langweiligen und zu behelligen,
wie du deine Künstler
langweilst, behelligst und auch noch beschimpfst

und das als Galeristin,
auf die die Welt nicht gewartet hat
und die rein gar nichts nachweisen kann
als eine obszöne Ambition.
Den Bildverkauf,
den ich mit Unseld abgeschlossen habe,
den hättest du vermasselt.
Die Papstporträts,
die an die katholische Universität in Polen gegangen sind,
die hättest du vermasselt,
ich war im angolanischen Fernsehen
als erster deutscher Künstler,
da haben meine Bilder in Afrika geschwitzt,
du solltest das alles für mich machen,
aber du vermasselst alles schon im Vorhinein.
Ich habe schon ausgestellt,
als du noch zur Schule gegangen bist.
Was habe ich nicht alles für dich getan,
sagt sie immer.
Nichts hast du für mich getan,
du hast eine verzerrte Wahrnehmung
wie alle,
die nichts zu geben haben
und nichts darstellen
und nie etwas darstellen werden
und immer nur etwas haben wollen,
ohne dafür einen Finger krumm zu machen..
DR. JANSEN Erregen Sie sich doch nicht!
ENGELHARDT Die Dilettanten sind eine Strafe Gottes,
  überall trifft man sie an,
  sie mieten leere Räume
  und nennen sie Galerien
  und wissen gar nicht,
  was eine Galerie ist.
DR. JANSEN Eröffnen Sie doch eine Galerie.

ENGELHARDT Das tue ich,
  das tue ich!
DR. JANSEN Ja!
ENGELHARDT In Ihrer Praxis,
  wir machen das Praxisschild ab und schrauben das
  Galerieschild an!
DR. JANSEN Nicht in meiner Praxis...
ENGELHARDT Natürlich nicht in Ihrer Praxis,
  das war ja nur ein Scherz.
  Wir machen gar keine Galerie auf,
  denn die Welt braucht keine Galerien.
  Die Welt braucht Kunst,
  aber sie braucht keine Galerien.
  Galerien sind Auslaufmodelle,
  keiner fühlt sich wohl in ihnen,
  In den Ateliers aber,
  da leben die Menschen auf.
  Die Kunstszene ist so trivial,
  dass ich mich frage,
  bin auch ich am Ende trivial?
  Und das geht nicht,
  dass mich alles hinabzieht,
  dass mich alles runterzieht,
  das geht nicht,
  denn ich bin nicht verantwortlich
  für die Trivialität von Menschen,
  die keine Persönlichkeit haben
  und sich an der Persönlichkeit und dem Reichtum
  anderer Menschen vollfressen wollen,
  um sie dann in das sinkende Boot
  ihrer Lebenspleite zu ziehen.
  Dein sinkendes Boot verlasse ich als Erster,
  sage ich meiner Galeristin,
  dann kannst du in einem leeren Raum jammern,
  den dir dein Vermieter wieder wegnimmt,

damit man in ihm Krimskrams verkaufen kann
und Hosen und Jacken und Mützen.
Du wirst noch an deine Privatwohnung
das Galerieschild hängen,
sage ich ihr,
sowenig willst du einsehen,
dass du auf ganzer Linie gescheitert bist.
Du bist eine Schande für den ganzen Kunstbetrieb,
der selbst schon eine Schande
für alle Künstler und all ihre Kunst ist.
DR.JANSEN Sie sollten sich auf das Schöne konzentrieren,
nicht auf den Ärger.
ENGELHARDT Ja, das Schöne und die Schönheit,
manchmal vergesse ich das.
DR.JANSEN Das Schöne und die Schönheit,
    wie erhaben das klingt!
Engelhardt öffnet seinen Wintermantel, unter dem er unbekleidet ist.
ENGELHARDT Sehen Sie eine Krankheit?
    Drückt mein Körper eine Krankheit aus?
    Zeichnet sich in etwas, das mein Körper zeigt,
    eine Krankheit ab?
DR.JANSEN Dieser Körper ist in Form und Ausdruck
    dem Körper eines Mannes Ihres Alters entsprechend,
    soviel ich sehen kann
    und soviel sich sagen lässt.
Engelhardt schließt den Wintermantel wieder.
ENGELHARDT Mir gefällt,
    wie deutlich sie die Dinge sehen,
    wie rasch ihr Urteil ist,
    wie urteilsfähig Sie sind,
    wie urteilsbefähigt,
    wenn ich einmal in eine Praxis gehe,
    dann ist es Ihre.
Es läutet an der Tür.
ENGELHARDT Wer mag das sein?

DR. JANSEN Erwarten Sie Besuch?

ENGELHARDT Ich bekomme nie Besuch.

Es läutet erneut.

ENGELHARDT Sagten Sie nicht, es sei Dienstag?

DR. JANSEN Dienstag, in der Tat.

ENGELHARDT Dann kann es nur Torben sein,

    Torben, mein Gitarrenlehrer,

    der kommt immer am Dienstag.

DR. JANSEN Dann will ich nicht länger stören.

    Es freut mich, dass Sie musizieren.

    Wir sehen uns bald wieder.

    Ich soll Ihnen noch,

    bevor ich es vergesse,

    die herzlichsten Grüße von meiner Frau ausrichten.

Dr. Jansen geht ab, Torben tritt ein.

Siebente Szene

Torben kommt mit dem Gitarrenkoffer herein, wirft sich in einen Sessel.

TORBEN Engelhardt, wie sieht's aus?

ENGELHARDT Ich kann heute nicht
auf der Gitarre lernen.

TORBEN Lass uns doch spielen.

ENGELHARDT Heute nicht,
meine Hände sind wie taub,
so krank ist alles in mir.

TORBEN Aber bezahlen musst du mich trotzdem.

ENGELHARDT Natürlich bezahl ich dich.

TORBEN Wenn du also nicht spielen willst,
dann zieh ich heute einfach neue Saiten auf.
Dann reden wir eben.

ENGELHARDT Ja, neue Saiten,
mach das nur.
Neue Saiten sind immer herrlich
für die Hand und den Klang.

TORBEN Ja, das stimmt.

Engelhardt geht zum Fenster und sieht in den Garten, den man nicht sieht. Torben ist beschäftigt mit seinem Instrument. Sie reden kein Wort.

Engelhardt setzt sich wieder in den Sessel und schaut Torben zu.

TORBEN Wenn die Olga kommt...

ENGELHARDT Ja?

TORBEN ...wenn sie kommt,
was für Pläne hast du dann?

ENGELHARDT Man kann nichts planen,
obwohl ich gerne plane,
so wie alle Deutsche,
die ohne einen Plan
das Leben nicht genießen können,
dabei bin ich in erster Linie Maler

und erst in zweiter Deutscher.

TORBEN Schon gut,
aber mal ehrlich,
was macht ihr dann?

ENGELHARDT Wir fahren an den Unterbacher See,
wenn es Frühling wird.

Torben schüttelt sich vor Lachen, stellt seine Gitarre ab und schaut
Engelhardt ungläubig an. Engelhardt starrt ins Leere.

ENGELHARDT An den Unterbacher See,
an den Südstrand,
natürlich nicht an den Nordstrand.
An den Unterbacher See,
der eine Tradition hat,
wenn es um das Sonnen und das Schwimmen geht
und der,
vor allem wegen des Südstrands,
dem Strandbad Süd,
bekannt und beliebt und unvergesslich ist.

TORBEN Das sind deine Pläne?
Mit Olga an den Unterbacher See zu gehen?

ENGELHARDT Ja, das sind meine Pläne,
wenn man von Plänen überhaupt reden kann,
an den Südstrand, ja, das habe ich vor.

TORBEN Tut mir leid,
aber das klingt einfach nur irre.

ENGELHARDT Warum denn?
In der ukrainischen Steppe gibt es sicher nichts
mit dem Unterbacher See
Vergleichbares,
von der besonderen Atmosphäre des
Strandbads Süd
mal ganz abgesehen.
Da wird die Olga Augen machen,
wenn sie den schönen See sieht.

TORBEN Und was wird sie arbeiten?

ENGELHARDT Was soll sie schon arbeiten,
    sie kommt ja nicht zum arbeiten,
    sie hat gerade erst mit ihrem Studium begonnen,
    dem Studium der Agrarwissenschaften.
    In dem Alter habe ich auch noch nicht gearbeitet,
    alleine die Vorstellung von Arbeit
    in dem Alter,
    in dem man nur und ausschließlich lernt,
    wäre mir absurd vorgekommen.
TORBEN Ich dachte Olga ist erst sechzehn.
ENGELHARDT Unsinn, Torben,
    was will ich denn mit einem Kind?
    Olga ist achtzehn,
    wenn nicht neunzehn.
TORBEN Na, wenigstens ist sie erwachsen.
    Aber irgendwas wird sie doch wohl tun?
ENGELHARDT Sie wird mir helfen,
    eine neue Lebenskomplexität
    und ein neues Überlebenskonzept
    zu entwickeln.
    Das Malkleid wird abgeschafft,
    sowie alle unnötige Verkleidung abgeschafft wird,
    auch alle Kleidung,
    wenn möglich,
    denn die führt,
    wie man weiß,
    nur zu Missverständnissen.
    Punkt eins!
    Der Rückzug ins Private wird vollzogen,
    nachdem mir alles Private genommen wurde
    und sich in mir eine starke Sehnsucht
    nach neuer Privatheit
    entwickelt hat.
    Punkt zwei!
    Alle alten Verbindungen werden abgebrochen,

nachdem sie sowieso alle zerstört sind.
Punkt drei!
TORBEN Du willst nicht mehr malen?
ENGELHARDT Ich sprach nur
  vom abzuschaffenden Malkleid,
  wir leben nicht mehr im letzten Jahrhundert,
  ein Malkleid braucht der aufgeschlossene Mensch
  nicht mehr,
  die Malerei ja, das Malkleid nicht.
  Das mit Valerie
  ist letztlich an allen Malkleidern
  gescheitert,
  nun bin ich aus meinem Malkleid herausgewachsen,
  und Valerie wird sich für immer bedecken
  und sich mit ihrem Habib verschwören
  in einer einzigen großen
  und schändlichen
  Verkleidung.
TORBEN Und wovon werdet ihr leben,
  Olga und du,
  wenn sie kommt?
ENGELHARDT Vom Verkauf meiner Bilder,
  von was sonst!
TORBEN Das ist mir zu hoch.
ENGELHARDT Was denn?
TORBEN Einfach alles.
*Valerie tritt ein, Torben sieht verlegen auf sein Instrument und spannt
die Saiten nach.*
VALERIE Ich muss mit dir reden.
ENGELHARDT Ich höre.
VALERIE Ich wusste nicht, dass jemand da ist.
ENGELHARDT Gitarrenunterricht, wie immer am
  Dienstag.
VALERIE Dann komme ich später noch mal wieder.
TORBEN Eigentlich wollte ich sowieso gerade gehen,

wir machen nächsten Dienstag weiter.

Engelhardt steht auf, gibt Torben einen Schein, dann legt Torben das
Instrument in den Koffer, zieht eine Jacke an und tritt ab.
Valerie setzt sich in den Sessel, in dem Torben gesessen hat.
Engelhardt raucht und trinkt Kaffee.

VALERIE Du hast dich so verändert in der letzten Zeit.

ENGELHARDT Da täuscht du dich.

VALERIE Alle sehen es.

ENGELHARDT Das wäre das erste Mal,
  dass alle eine Veränderung sehen.

VALERIE Du bist ein frustrierter,
  versoffener
  und wehleidiger Mensch,
  der Gott und die Welt verachtet.

ENGELHARDT Da spricht wohl Habib aus dir?
  Das ist ja gar nicht deine Art zu sprechen.
  Was für ein Unsinn,
  Gott und die Welt,
  was für eine Formulierung,
  so abgedroschen,
  dass sie nur von Habib kommen kann.
  Ich verachte weder Gott
  noch die Welt,
  das Gegenteil ist der Fall.
  Frustriert bin ich nicht,
  die Frustration hat gar keinen Platz in meinem Denken
  und meiner Arbeit und meiner Welt,
  ich bin nicht frustriert,
  auch wenn es so aussehen mag,
  die Wahrheit ist vielmehr:
  ich befinde mich im Aufbruch,
  nicht im Abbruch.
  Allerhöchstens bin ich enttäuscht,
  aber wenn ich mich nicht mehr täuschen lasse,
  nachdem ich mich enttäuscht habe,

kann ich mich glücklich schätzen.

VALERIE Ich möchte mit dir reden.

ENGELHARDT Das sagtest du ja bereits,
und wir tun doch gerade nichts anderes,
als miteinander zu reden.

VALERIE Nicht so,
ich wollte dir was sagen.

ENGELHARDT Und?

VALERIE Das Haus muss möglichst bald verkauft werden.

ENGELHARDT Gut,
dann beauftrage ich einen Immobilienmakler,
der das für uns macht.

VALERIE Und ich habe Habib die Vollmacht gegeben,
für alles, was mit dem Verkauf zu tun hat.
Er macht das für mich,
ich kann das nicht,
er kann das besser.

Engelhardt lacht auf.

VALERIE Außerdem möchte ich eine Abfindung.

ENGELHARDT Ich habe nichts.

VALERIE Ich möchte zwanzig Bilder meiner Wahl

*Engelhard springt auf und nimmt seinen Wintermantel, den er sich
überwirft, dann holt er eine Flasche Wein aus dem Malzimmer.*

ENGELHARDT Eine Abfindung?
Wie eigenartig!
Gut, zwanzig Bilder.

VALERIE Dafür kannst du die Möbel behalten.

ENGELHARDT Die habe ich doch alle selbst gekauft!

VALERIE Und die kannst du behalten.
Nächste Woche hole ich meine Bücher
und meine Schallplatten
und meine CDs,
die Waschmaschine kannst du auch behalten.

ENGELHARDT Die fällt sowieso bald auseinander.

VALERIE Die kannst du behalten.

Das wollte ich dir nur sagen,
und...
ENGELHARDT Und?
VALERIE Trinkst du wieder?
Schon am Nachmittag?
ENGELHARDT Das wolltest du mir sagen?
VALERIE Nein,
ich wollte dir sagen,
dass ich schwanger bin
und deswegen bald raus aus diesem Haus möchte.
ENGELHARDT Nichts fällt dir ein,
außer dich sofort mit Habib zu vermehren,
dafür waren wir dreizehn Jahre zusammen,
dass dir nichts anderes einfällt,
als dir mit habibscher Boshaftigkeit
eine Abfindung zu erschleichen,
mich in diesem Dreck hier sitzen zu lassen,
mir die alte Waschmaschine zu überlassen,
die uns dein Vater geschenkt hat
und dich über Nacht in eine Schwangerschaft
fallen zu lassen,
die Habib zu verantworten hat,
so wie er alles zu verantworten hat,
nur, weil du ihm eine Verantwortung zu haben
erlaubst.
Habib, das wird dein Untergang sein,
obwohl du immer gedacht hast,
ich sei dein Untergang.
VALERIE Du kennst Habib ja gar nicht,
er wäre gerne dein Freund,
ihr könntet Freunde werden,
wir drei könnten Freunde sein,
wir...
Engelhardt lacht und hustet, dann trinkt er die halbe Flasche leer.
VALERIE Wenn du jetzt trinkst,

dann gehe ich wieder.

ENGELHARDT Ja, geh,
 wir sind uns einig.

VALERIE Ja?

ENGELHARDT Ja, mehr gibt es nicht zu reden.

VALERIE Wohin wirst du gehen,
 wenn das Haus verkauft ist?

ENGELHARDT Das wird sich zeigen.

VALERIE Habib und ich gehen nach Prag.
 Prag ist meine Lieblingsstadt.

ENGELHARDT Seitdem ich dich kenne,
 kam nie die Sprache auf Prag.

VALERIE Prag ist meine Lieblingsstadt,
 meine und die von Habib,
 der da arbeitet.

ENGELHARDT Dagegen ist nichts zu sagen,
 dass Prag jetzt deine Lieblingsstadt ist,
 wenn ich es dir auch nicht abnehme.
 Seit wann ist Prag deine Lieblingsstadt?
 Wo von Prag doch nie die Rede war!

VALERIE Aber so ist es eben,
 die Dinge ändern sich.

ENGELHARDT Ficken, Lecken, Quark, alles für 'ne Mark!

VALERIE Ich gehe dann jetzt.

ENGELHARDT Ja, geh jetzt.

Valerie geht ab.

Engelhardt steht auf und geht in sein Malzimmer, dort leert er die Flasche, um eine weitere zu öffnen, auch die trinkt er schnell zur Hälfte leer.

Dann legt er den Mantel ab, steigt aus seiner Hose und zieht sich den Pullover über den Kopf. Unbekleidet setzt er sich auf den weißen Stuhl vor seine Staffelei.

Er stellt einen großen Akt auf diese und beginnt zu malen.

ENGELHARDT Nichts mehr korrigieren!
 Nur noch übermalen!

Übermalen oder neu malen,
alle Korrektur ist sinnlos!
Das werde ich Olga sagen.
Wozu an alten Bildern malen,
wenn man gleich ein neues malen kann,
oder
das alte einfach übermalt.
Wer erschafft, darf auch zerstören!
So sage ich ihr
und erkläre ihr die Situation.
Wer erschafft, darf auch zerstören,
der Schöpfer zerstört das von ihm Erschaffene.
Wer dürfte das und könnte das
und täte das, wenn nicht er?
So lässt sich das sagen.
Keine Korrekturen mehr,
immer nur alles von Anfang an
und ganz neu!
Darin liegt alles Unheil,
das Unkorrigierbare korrigieren zu wollen,
das geht eben nicht,
völlig unmöglich,
das Unkorrigierbare übermalen,
das geht,
alles andere geht nicht.
Olga und ihre Beziehung zu mir,
ich und meine Beziehung zu ihr,
das wird ein ganz frisches Bild,
das wird ein Bild,
das sich von alleine malt.
Besonders von Vorteil ist,
dass ich Olga gar nicht kenne
und sie mich nicht
und sie nicht weiß,
was in mir vorgeht

und ich nicht weiß,
was in ihr vorgeht,
so wird das Bild nicht nur frisch,
sondern auch rätselhaft.

*Engelhardt übermalt den großen Akt mit dunkelblauer Farbe, dann
setzt er rote Punkte auf, gleich malt er die wieder weg, indem er sie
ebenfalls blau übermalt. Er steht auf von dem Stuhl und prügelt mit
gleich zwei Pinseln auf die nun vollständig dunkelblaue Leinwand ein,
dann verliert er das Gleichgewicht und fällt in das blaue Bild.*

ENGELHARDT Alle alten Akte sind eine einzige Lüge!
die alten Akte waren nicht nackt,
sie waren angezogen!
Mit den angezogenen Akten wollte ich nur verblüffen,
zeigen,
was ich kann,
was die Anatomie betrifft,
so macht man sich zum Affen,
wenn man jung ist!
Ich werde überhaupt keine Akte mehr malen,
es sei denn,
sie sind wirklich nackt,
und was das bedeuten würde,
das kann ich noch gar nicht überschauen.
Überhaupt:
die ganze Aktmalerei
ist eine einzige Lüge,
die man sich erlaubt,
weil man auch bei den Prüden
als Maler
damit eine gute Figur machen möchte.
Damit ist jetzt Schluss!
Immer wollte ich versöhnlich sein,
was das Dargestellte anging,
damit ist es jetzt vorbei!
Man malt jahrelang,

damit die engste Vertraute
und die Geliebte
und die,
die in alles eingeweiht war,
sich vollständig gegen einen stellt,
das ist alles,
was man erreicht,
wenn man es so macht wie ich!
Ein Maler,
der Akte so malt,
wie ich sie
aus falsch verstandener Liebe
gemalt habe,
malt die nur
legendär,
sentimental und bürgerlich,
deswegen werden sie immer bekleidet sein
und in verkleideten Häusern hängen
und in verkleideten Geschichten herumgeistern
für alle Zeiten,
so wird das sein,
was man erreicht hat.
Ich werde alles falsche Nackte übermalen,
um es in den Zustand der Verhüllung zurückzuführen.
Und da kann es dann bleiben.
Valerie, die alle meine Arbeiten
und deren Entstehung kennt,
sie ist schwanger von Habib,
der nur einen Wüstenkalender besitzt,
den er auf dem Bazar erstanden hat.
Der Künstler ist nackt, auch wenn er bekleidet ist,
und nur nackt ist er gut gekleidet,
so sage ich der Olga sofort,
damit es keine neuen Missverständnisse gibt.
Wenn die Olga kommt, dann sage ich ihr das,

soviel ist sicher.

Engelhardt liegt in seinen Öltuben, dann schläft er ein.

Achte Szene

Doris kommt ins Wohnzimmer, Engelhardt sitzt, den Kopf gesenkt, im Sessel. Doris stellt ihre Tasche ab, zieht ihre Jacke aus und setzt sich in einen Sessel.

DORIS Ich möchte gerne mit dir über den Malunterricht
    sprechen.

ENGELHARDT Ich kann nicht,
    mir wird das Haus
    unter dem Hintern weggezogen.

DORIS Wir könnten ja gemeinsam ein Atelier suchen,
    wir könnten es uns teilen,
    dann hättest du weniger Kosten
    und meine Gesellschaft
    hättest du auch.

ENGELHARDT Die Olga kommt bald,
    mit der geh ich ins Atelier.

DORIS Malt die denn?

ENGELHARDT So wenig wie du.

DORIS Bestimmt irgend so ein Pipimädchen.

ENGELHARDT Ein was?

DORIS Ein Pipimädchen,
    das nichts kennt vom Leben.

ENGELHARDT Wer kennt schon was vom Leben?
    Du hast ein paar Stillleben gemalt,
    bunt wie für die Kirmes,
    alle grell und groß,
    Zitronen und Paprika,
    du hast deine Töchter gemalt
    wie fürs Poesiealbum,
    und malen kannst du nicht.

DORIS Das will ich ja lernen,
    ein paar Tipps hier und da.
    Wie Picasso will ich ja gar nicht malen,
    den mag ich sowieso nicht.

ENGELHARDT Als ob Picasso das kümmern würde,
dass du ihn nicht magst!
Alleine wegen dieser Bemerkung müsste ich dich
hinauswerfen!
Wie Picasso willst du nicht malen!
Engelhard lacht auf und schlägt mit der Hand auf den Glastisch.
Doris zuckt zusammen.
ENGELHARDT Wie Picasso will sie nicht malen!
Niemand kann wie Picasso malen
als Picasso selbst!
Es geht nicht darum,
ob man Picasso mag oder nicht mag,
die Frage stellt sich gar nicht,
Bedingung ist für alle Menschen
und also auch für dich,
und wenn jemand wie du
seinen Namen schon
im Munde führt,
dass man Picasso liebt
und auch du solltest das,
vielleicht bringt es dich zur Vernunft,
und dann wird sich herausstellen,
ob man ihn verstehen kann oder nicht.
Du wirst ihn ganz sicher nicht verstehen,
denn du kennst dich
in der gesamten Kunstgeschichte so aus,
wie eine Schnecke in einer Kunsthalle,
eine Schnecke, die den Weinberg sucht,
um bei dem zu bleiben,
was du kennst.
Du hast ein allgemeines Wissen,
das gerade ausreicht,
um das Werbefernsehen zu verstehen,
nicht das erweiterte Wissen
und nicht das Geheimwissen,

über das ich als Maler verfüge,
so wie einige andere Maler,
die so gut sind wie ich
und die es natürlich auch gibt,
ebenfalls darüber verfügen.
Du willst nicht malen wie Picasso!
Woher hast du nur diese Überheblichkeit?
Ich selbst habe zwar zu Torben,
dem Gitarrenlehrer,
gesagt,
ich wolle Gitarre so spielen
wie Rory Gallagher,
dem schon lange verstorbenen irischen Musiker,
da sagt er:
Eine Nummer kleiner geht es wohl nicht?
Bescheidenheit scheint nicht gerade deine Stärke zu sein,
sagt er zu Recht,
und da halte ich ihm als Beleg
für die Richtigkeit seiner Aussage
auch noch eine brandneue ESP-Gitarre,
die, von Japanern gebaut,
zu den teuersten Gitarren zählt,
unter die Nase
und sage,
die doppelhalsige Version dieser Gitarre
war gerade vergriffen.
Fast hätte der Torben mich da rausgeworfen,
das war bei unserem ersten Treffen.
Das erste Treffen mit Torben,
wäre um ein Haar gescheitert.
Später habe ich ihm eine weiße Fender geschenkt,
aber das hat er nicht geschätzt,
er hat sie seinem Bruder,
dem Bassisten,
gegeben

und der hat die Fender sofort verkauft,
was sollte er als Bassist auch damit?
Der Verlauf meiner Beziehung zu Torben
entspricht gar nicht meiner großen Liebe zur Musik
und nicht meiner Liebe zur Gitarre als Instrument.
Meine Enttäuschung über Torben
ist grenzenlos,
immer will er sich bezahlen lassen,
ich rede, er hört zu,
und dafür lässt er sich bezahlen.
Aber Hochmut und Hochmut,
da gibt es Unterschiede.
Der Hochmut Torbens
und mein Hochmut
und dein Hochmut,
Unterschiede eben, die es da gibt.
Wie Picasso will die Dame nicht malen,
Picasso, den sie nicht mag,
du kennst nichts und niemanden
außer Victoria's Secret und Tiger Woods,
deinen Schuhladen und deinen Frisör.
DORIS Du musst mich nicht beschimpfen,
ich weiß ja,
dass du recht hast.
Niemand spricht so mit mir,
aber du darfst so mit mir sprechen,
du sollst es auch,
deswegen bin ich ja hier.
ENGELHARDT Man müsste ganz anders mit dir sprechen!
DORIS Aber was habe ich denn falsch gemacht?
ENGELHARDT Alles.
Und in Zukunft
wirst du noch mehr als alles falsch machen,
das weiß ich schon jetzt.
DORIS Ich habe dein ganzes Haus geputzt,

allein die Küche
hat Stunden gebraucht.
ENGELHARDT Wenn das Haus verkauft wird,
dann kommt die Küche raus,
einerlei, ob sie schmutzig oder sauber ist.
Jeder will immer die neueste Küche,
meine Küche,
die so schön funktioniert,
obwohl ich sie nicht mal benutze,
die muss dann raus,
auch wenn sie noch so sehr blitzt,
aber das habe ich dir ja bereits gesagt,
du aber hörst nie zu,
wenn ich etwas sage,
selbst, wenn es sich um ganz einfache Dinge handelt.
DORIS In dem Dreck kann doch keiner leben.
ENGELHARDT Ich werde das Haus
mitsamt Dreck verkaufen
und zwar zu einem Höchstpreis
und nicht zu einem Niedrigpreis,
wie der Habib mir unterstellt,
dann wird die Bank ausgezahlt,
der Rest wird geteilt
zwischen Valerie und mir,
und dann trägt Valerie ihr Geld nach Prag,
und ich trage es zu einem Vermieter,
der irgendwo sitzt
und für irgendwas abkassiert.
Und am Ende haben wir weniger Geld als je zuvor,
darauf wird es hinauslaufen,
dafür wird Habib schon sorgen,
zumindest, was Valerie angeht,
und was mich angeht...
DORIS Was dich angeht,
so wird das Pipimädchen schon dafür sorgen,

dass du bald nichts mehr hast.

ENGELHARDT Unsinn,
was kostet schon ein Ticket!
Diese Unverschämtheit,
anzunehmen,
dass die, die nichts haben,
einen nur ausbeuten wollen!
Auf solche Gedanken kommen immer nur die,
die nicht wissen, wohin mit dem Geld,
so wie du.

DORIS Ich will doch nur,
dass du nicht verzweifelst!

ENGELHARDT Das ist das Letzte, was du möchtest!
Du wirst mit deinen Acryl rumkleckern
auf den teuersten Leinwänden,
die dein Ulli dir kauft und dir hinterher trägt
wie ein chinesischer Kuli
und den du dennoch ständig schlecht machst,
und du als Ehefrau und als Schlampe
solltest nicht junge Frauen,
die am Anfang einer Lebensrealisierung stehen,
als Schlampen bezeichnen,
zumal sie noch nicht mal verheiratet sind!
Und du bist die Erste,
die weg ist,
wenn ich wieder froh,
bei Kräften
und geheilt bin.

DORIS Ich werde immer bei dir sein,
egal, was kommt.
Ich will doch nur dein Glück!

ENGELHARDT Mach dir nichts vor!
Jetzt läuft es gut für dich,
weil ich krank bin,
das ist dein Vorteil.

Dass der Ulli immer unterwegs ist,
das ist dein Vorteil,
der Ulli immer weg und ich immer da,
daraus ziehst du deinen Vorteil,
und wenn du Größe hättest,
würdest du zugeben,
dass das die Wahrheit ist.

Doris steht auf und knöpft ihre Bluse auf.

DORIS Ich habe eine Überraschung für dich,
dann wirst du schon sehen,
wie ernst es mir mit dir ist.

Engelhardt starrt sie an. Doris entkleidet sich langsam, dann steht sie in Dessous da. Engelhardt lacht schrill und bekommt einen Hustenanfall. Doris nähert sich ihm und stürzt auf ihn, ihre Hände streicheln ihn verzweifelt, sie küsst sein Gesicht und steckt ihm dann die Zunge ins Ohr. Engelhardt stößt sie weg.

ENGELHARDT Ich höre kaum noch was,
steck mir nie wieder die Zunge ins Ohr,
woher hast du denn das?
Machst du so was mit Ulli?
Kein Wunder,
dass er sich von seinen Sekretärinnen trösten lässt.
Zieh dich schnell wieder an,
das ist alles schrecklich.
Du siehst ganz und gar unmöglich aus!
Da zeigt sich doch,
dass du mich nicht kennst
und nicht verstehst
und mich nicht kennen willst
und mich nicht verstehen willst!
Stehst in diesen Dessous vor mir!

DORIS Die haben ein Vermögen gekostet!

ENGELHARDT Das glaube ich dir sogar!
Diese banale und obszöne und hässliche Wäsche,
natürlich hat die was gekostet,

und damit willst du mich verführen?
Wo ich doch,
was den Körper betrifft,
immer nur naturistisch
und naturalistisch
denken kann,
wobei ich den Naturalismus
selbstverständlich verlasse,
sobald ich male,
den Naturismus und also den Nudismus aber nicht,
wenn es um meine Erregung
und meine Anschauung,
meine Vorstellung und mein Ideal
geht,
wie Olga bereits jetzt schon weiß,
und diese Wäsche ist das Gegenteil von allem,
was ich schätze,
und du hast es natürlich nicht wissen wollen,
weil du immer alles besser weißt
und niemandem zuhörst,
mir nicht,
Ulli nicht,
wahrscheinlich sogar deinen Töchtern nicht,
eben niemandem.
Jede Akademie, die Aktmodelle antanzen lässt
bis spät in die Nacht,
hätte dich nach diesem Dessous-Vorfall
exmatrikuliert, das sag ich dir!
Doris sitzt betrübt im Sessel und bedeckt sich mit ihrer Bluse, die sie vom Boden aufgehoben hat. Engelhardt geht ins Malzimmer, um eine Flasche zu holen. Hastig und wütend leert er annähernd die ganze Flasche in sehr kurzer Zeit. Doris schweigt. Kaum ist die Flasche geleert, holt Engelhardt eine weitere, die er ebenso rasch leert. Er taumelt. Er geht schwankend auf und ab, lacht und spuckt vor sich aus.

ENGELHARDT Ich rede so mit dir, Doris,
 weil der Verrat an mir dir ins Gesicht geschrieben steht,
 Du bist eine Trennungsgewinnlerin
 und hältst dich warm
 in Ullis Nest,
 du schnupperst ein bisschen Untergang bei mir,
 um die Langeweile deines Lebens aufzuweichen,
 du willst den Ulli betrügen,
 als wäre das nichts!
DORIS Ich zahle es ihm nur heim.
ENGELHARDT Und später zahlst du mir das heim.
DORIS Niemals!
ENGELHARDT Du benutzt die Kunst,
 um nicht auf den Golfplatz zu gehen,
 weil du sowieso
 deine restlichen Tage
 auf dem Golfplatz verbringen wirst,
 was nur eine Frage der Zeit ist,
 bevor du dann
 nur noch verrückt wirst,
 so wie es deine Mutter schon war.
DORIS Woher weißt du,
 dass meine Mutter verrückt war?
ENGELHARDT Weil du es mir erzählt hast,
 schon bei unserem ersten Treffen.
DORIS Ach ja.
Engelhardt geht um den Glastisch herum, raucht und nimmt Züge aus der Flasche, er keucht und schwitzt, er streicht sich das Haar aus dem Gesicht.
ENGELHARDT Die Künste werden sich verändern,
 die Kultur nicht,
 denn es gibt ja auch die Esskultur,
 die ganz uninteressant ist im Vergleich zur Hochkultur,
 deren Königin
 natürlich die bildende Kunst ist.

Die Künste werden vorauseilen,
wie es ihrer Natur entspricht
und sich erneuern
und alles verändern!
Die Starken mit dem Geld
werden an ihrem Geld,
das nichts ist,
zugrunde gehen,
der Schwache wird alles verändern,
so wie es der Schwache immer getan
und vermocht hat,
der Schwache mit dem Hochtalent.
Die Künste werden alles verändern,
nachdem ihr alle Kunst abschaffen wolltet!
Wenn er erstmal kommt,
der große Ethikkollaps,
den alle besingen,
dann hilft alles Geld nicht mehr,
dann ist alles Geld verbrannt,
alle Liebe ist dann welk und grau,
nur die neue und die besitzlose und die unschuldige nicht,
dann strahlen alle Bilder.
Wenn der große Zusammenbruch kommt,
dann wird überall nur noch geheult und gewimmert.
DORIS Was redest du denn da, Engelhardt?
Setzt dich doch wieder.
ENGELHARDT So wird es sein!
Ich weiß es ganz genau,
so wird das sein!
Engelhardt verliert das Gleichgewicht und fällt rücklings in den Glastisch, der mit einem großen Krach zusammenbricht. Engelhardt liegt, grell lachend, in den Scherben, die sich langsam von seinem Blut verfärben. Doris springt entsetzt auf.
DORIS Um Gottes Willen,
Engelhardt!

Bist du verletzt?

Was hast du nur gemacht?!

Engelhardt lacht.

ENGELHARDT So geht alles dahin!

Ausgerechnet der Glastisch,

den ich jeden Tag geputzt habe,

als die Valerie noch da war,

bringt mich um.

Engelhardt verdreht die Augen und sackt dann weg.

DORIS Was mach ich jetzt,

was mach ich nur?

Engelhardt?

Sag doch was.

Ach je, ach je,

was macht man denn in so einer Situation?

So ein Unglück,

so ein Wahnsinn!

Doris kramt mit zittrigen Händen in ihrer Tasche und nimmt das Handy.

DORIS Ein Krankenwagen,

ein Krankenwagen!

Hält das Handy ans Ohr.

DORIS Ulli, bist du es?

Der Engelhardt, der Maler, du weißt schon,

mein Unterricht,

der liegt hier in seinem Blut,

der ist gestürzt,

alles voller Blut,

was mach ich denn nur?

Doris hält das Handy weiter am Ohr, dann lässt sie es auf den Boden fallen, da sie sich wie bei einer Grippe schüttelt.

DORIS Mir ist so schrecklich kalt,

und am liebsten

würde ich einfach weggehen.

Aber ein Krankenwagen muss her.

Ein Krankenwagen,
ein Krankenwagen.
Das ist ja wieder typisch für den Ulli,
der sagt mir nur,
hol doch einen Krankenwagen,
sich immer schön aus allem raushalten,
typisch für den Ulli.
Engelhardt?
Engelhardt, ach Engelhardt!
Doris hockt neben Engelhardt, der sich nicht mehr rührt.
DORIS Engelhardt, so sag doch was.
Sie verharrt. Sie seufzt und legt eine Hand auf Engelhardts Arm.
DORIS Der Engelhardt,
der sagt nichts mehr.
Nie bin ich fremd gegangen
und nun das,
ein Mal wag ich mich heraus
und erlebe
ein einziges Drama.
Engelhardt?
Ich glaub, der ist tot,
der Engelhardt.